Asher Intrater

Wer war bei Abraham zu Gast?

Asher Intrater

Wer war bei Abraham zu Gast?

Die Erscheinungen Gottes in Menschengestalt in den hebräischen Schriften

GloryWorld-Medien

3. Auflage 2023

Originaltitel: „Who Ate Lunch with Abraham?“

Bibelzitate sind, falls nicht anders gekennzeichnet, der Lutherbibel, Revidierte Fassung von 1984 entnommen.

Weitere Bibelübersetzungen:
ELB: Elberfelder Bibel, Revidierte Fassung von 1985
GNB: Gute Nachricht Bibel, 2002
NGÜ: Lutherbibel, Revidierte Fassung von 1984
NLB: Neue Genfer Übersetzung – Neues Testament und Psalmen, 2011
SLT: Schlachter 2000

Das Buch folgt den Regeln der Deutschen Rechtschreibreform. Die Bibelzitate wurden diesen Rechtschreibregeln angepasst.

Übersetzung: Anja Altaras / Paul Meier
Lektorat/Satz: Manfred Mayer
Umschlaggestaltung: Kerstin & Karl Gerd Striepecke, www.vision-c.de
Foto: fotolia
Druck: arkadruk.pl

Printed in the EU

ISBN: 978-3-95578-304-4

Bestellnummer: 356304

Erhältlich beim Verlag:

GloryWorld-Medien
Beit-Sahour-Str. 4
D-46509 Xanten
Tel.:02801-9854003
Fax:02801-9854004
info@gloryworld.de
www.gloryworld.de

oder in jeder Buchhandlung

Inhalt

VORWORT

Kann man Gott sehen?

Durch das ganze Gesetz und die Propheten hindurch begegnen wir immer wieder einer Gestalt, die manchmal „der Engel des HERRN“ genannt, andere Male als Gott selbst oder als „Einer wie ein Menschensohn“ bezeichnet wird. Oft erscheint sie auch ohne Namen. Das Verständnis darüber, wer diese Gestalt ist, bedeutet eine Hinterfragung dessen, was wir uns unter Gott und dem Messias im tiefsten Sinne eigentlich vorstellen.

Die Verbindung zwischen dem Engel des HERRN im *Tanach* (Altes Testament) und der Person Jeschuas (Jesu) im Neuen Bund sehen zu können, fordert sowohl die christliche als auch die jüdische Weltanschauung heraus. Dieses Buch hat die Absicht, beide Seiten gleichermaßen vor diese Herausforderung zu stellen und dadurch eine Brücke zwischen dem jüdischen und dem christlichen Verständnis zu bauen.

Der Hauptzweck dieses Buches ist eine Beschreibung der Erscheinungsformen Gottes und der Natur des Messias, wie wir sie in der Schrift finden. Diese Wahrheit ist unser wichtigstes Anliegen. Dieses Buch hat aber noch drei weitere Anliegen:

1. Die Vertiefung der jüdischen Wurzeln des christlichen Glaubens
2. Die Beschreibung Jeschuas gemäß den hebräischen Schriften
3. Die Widerspruchsfreiheit der ganzen Bibel, von Anfang bis Ende, nachzuweisen

Jüdische Wurzeln

Ich bin in einem liberal-jüdischen Elternhaus aufgewachsen und habe in meiner Jugendzeit eine konservative Synagoge besucht. Während meinem Studium begann ich nach geistlicher Wahrheit zu suchen. Meine persönliche Suche und mein Studium in Psychologie, Philosophie und alten Schriften an der Universität Harvard führten mich zu keiner Antwort, welche meine Seele zur Ruhe gebracht hätte.

So probierte ich alle möglichen geistlichen Erfahrungen und Experimente aus. Das einzige „Experiment", zu dem ich nicht willens war, war Jesus. Da ich aber konsequent sein wollte in meiner Suche, wurde mir klar, dass ich die Evangelien zumindest einmal lesen musste (obwohl ich überzeugt war, darin nichts Gutes finden zu können).

Als ich im Winter 1977/78 das erste Mal die Evangelien las, war ich überrascht, wie positiv sie waren. Die Person Jeschuas, Sein Leben und Seine Lehre, riefen in mir Liebe und Bewunderung hervor. Es war fast unmöglich für mich, mich nicht in diese inspirierende Gestalt „zu verlieben".

Das zweite Mal las ich die Evangelien im darauffolgenden Sommer 1978. Dabei erlebte ich eine zweite Überraschung. Ich begriff, wie „jüdisch" dieses Buch war. Praktisch jede Person darin war jüdisch, auch Jeschua selbst und alle Seine Jünger. Und darüber hinaus kam die ganze Vorstellung des Königreiches Gottes aus den hebräischen Propheten!

Auf Grund der ersten Überraschung, entschied ich mich im Jahr 1978 für ein Leben als Nachfolger Jeschuas. Auf Grund der zweiten Überraschung erkannte ich mich als Teil einer Bewegung, die heute als „messianisches Judentum" bezeichnet wird. Ich setzte meine Studien fort, nicht nur in der Bibel, sondern auch in christlicher Literatur und in rabbinischen Schriften. (Als Folge davon schloss ich in den frühen 1980er Jahren zwei Masterstudien ab, eine in Jüdischen Studien von der *Baltimore Hebrew University*, eine in Theologie vom *Messiah Biblical Institute*.)

Was die jüdischen Wurzeln des Christentums betrifft, gibt es manche offenen Fragen. Eine der herausforderndsten betrifft die Gestalt des Engels des HERRN in der Thora (Gesetz) und den Propheten. Dieses Buch ist ein Versuch, diese Fragen zu behandeln.

Jeschua im Tanach

Ein faszinierendes Element des Neuen Bundes ist dessen Liebe für alle Menschen, insbesondere für das jüdische Volk. Da ist nicht die geringste Spur von Rassismus zu finden, und doch wird die Rolle Israels als ein auserwähltes Volk wieder und wieder bestätigt (zum Beispiel in **Röm 9–11**). Jeschua weint über Jerusalem (**Lk 19,41-44**) und Sha'ul (der Apostel Paulus) sagt, er wäre bereit, für die Juden zu sterben (**Röm 9,1-4**).

Mein neugefundener Glaube an Jeschua gab auch mir eine neue Liebe für mein eigenes Volk. Meiner Familie musste ich einfach über Gottes Gnade und das ewige Leben erzählen. Da viele jüdische Menschen zwar die Autorität des Tanach, aber nicht die des Neuen Testaments anerkennen, ist es oftmals nötig, Gottes Heilsplan durch Jeschua einzig und alleine mit Schriftstellen aus dem Tanach zu belegen. (Die ersten Apostel sprachen über Jeschua nur mittels des Tanach, da das Neue Testament noch gar nicht verfasst war.)

Im Tanach gibt es viele wunderbare Prophetien über den Messias. Oftmals sehen wir die Apostel mit diesen Prophetien ein Gespräch beginnen – zum Beispiel in **Apostelgeschichte 8**, wo Philippus auf den äthiopischen Eunuchen trifft und mit **Jesaja 53** beginnt. Was mich betrifft, durfte ich durch Gottes Führung hier in Israel viele Male mit orthodoxen Juden auf Hebräisch über die Gute Nachricht der Erlösung sprechen. In all diesen Gesprächen merkte ich, dass die Prophetien alleine nicht genug sind. Das Problem mit Prophetien – auch wenn sie noch so kristallklar sind – ist der Herzenszustand des Hörers. Ist er nicht offen, so wird er mit unserer Interpretation der Prophetie einfach nicht einverstanden sein.

Durch viel Studium und Gebet (und auch viele Dispute, Auseinandersetzungen und persönliche Erfahrungen), begann ich einen weiteren Weg zu sehen: nicht nur den der Prophetien über den Messias, sondern auch den des Auftretens des Messias in der Gestalt des Engels des HERRN. Die Verbindung zwischen dem Engel des HERRN und Jeschua dem Messias ist wahrlich aufschlussreich. Es ist meine Hoffnung, diese dynamische Offenbarung durch dieses Buch weitergeben zu können.

Die Konsistenz der Schriften

Vor vielen Jahren hat mein Freund, Dan Juster, mir das philosophische Prinzip erklärt, dass eine Wahrheit in sich selbst immer widerspruchsfrei sein muss. Eine Lehre, die sich selbst widerspricht, kann unmöglich wahr sein. Dieses Prinzip gilt für Philosophie, Theologie, biblische Interpretation und alles logische Denken.

Jeschua hat dieses Prinzip bestätigt, als Er sagte, Er sei nicht gekommen, um das Gesetz aufzulösen, oder ihm zu widersprechen, sondern um es zu erfüllen (**Mt 5,17-18**). Auch der Apostel Sha'ul wiederholte dieses Prinzip immer und wieder (**Apg 24,14; 26,22; 28,23**).

Ich glaube, die Bibel ist wahr und vertrauenswürdig. Von daher muss sie vom 1. Buch Mose bis zur Offenbarung in sich selbst widerspruchslos sein. Das 1. Buch Mose beginnt mit der Schöpfung von Himmel und Erde und die Offenbarung endet mit der Schöpfung des neuen Himmels und der neuen Erde. Was Gott am Anfang beabsichtigt hat, kommt am Ende zur Vollendung.[1]

Das Königreich Gottes entwickelt sich durch mehrere Stadien aus einem kleinen Samen bis hin zu einem mächtigen Baum, der die ganze Erde füllt (**Mt 13,31-32, Mk 4,26-28**).

[1] Die Rabbiner sagen: „סוף מעשה במחשבה תחילה“ – „Was zur Tat wird, ist zuerst in den Gedanken.“ (Schabbat Hymne לכה דודי von R. Shlomo Helevi Alkabets, 16. Jahrhundert.)

Wir sehen verschiedene Stadien, doch die Entwicklung ist von Anfang bis Ende konsequent.

Leider haben Rabbiner und Priester gleichermaßen – wegen der von Spaltung zwischen Christentum und Judentum gezeichneten Geschichte – dicke theologische Mauern aufgebaut. Diese verstärken eine künstliche Trennung zwischen der ersten Phase des Planes, den Gott Israel offenbarte (die Zeit des *Tanach*), und der zweiten Phase, die der christlichen Gemeinde geoffenbart wurde (der Neue Bund). Zweitausend Jahre der Meinungsverschiedenheit zwischen Israel und der Gemeinde haben eine Trennwand geschaffen, die verhindert, dass die Widerspruchsfreiheit der Bibel erkannt wird. Einer der Schlüssel, um diese Trennwand zu durchbrechen, ist die Verbindung zwischen dem Engel des Herrn und Jeschua dem Messias.

Die Bibel ist in sich widerspruchsfrei, weil das Wesen Gottes widerspruchslos ist. Diese Widerspruchsfreiheit trifft auch auf die Natur des Messias zu. Jeschua ist derselbe in der Vergangenheit, in der Gegenwart und in der Zukunft (**Hebr 13,8**). Jeschua ist der rote Faden, der die ganze Bibel zusammenhält. Die ewige Natur des Messias beweist die Widerspruchsfreiheit der Bibel. Es ist meine Hoffnung, dass dieses Buch, indem es die zentrale Rolle des Engels des Herrn im Gesetz und in den Propheten aufzeigt, die Widerspruchsfreiheit der Bibel bestätigt und bestärkt – vom Gesetz des Mose bis hin zur Offenbarung des Johannes.

Ich hoffe, dass du dich an der Lektüre dieses Buches freust, und die Ideen, die darin enthalten sind, so erneuernd und erfrischend findest, wie sie es für mich waren.

Asher Intrater

TEIL 1

Die Patriarchen

In diesem Teil untersuchen wir, wie Gott Abraham und den Patriarchen im ersten Buch Mose begegnete.

Wir entdecken dabei die Erscheinung eines göttlichen Botschafters, der in Gestalt eines Menschen auftritt – ein Gott-Mensch. Wir vergleichen die Erscheinungen dieses Gott-Menschen mit Jeschua (Jesus) im Neuen Bund.

Wir gehen auch der Frage nach, welchen Einfluss diese Erscheinungen auf unser Verständnis der Berufung des jüdischen Volkes und des Bundes Gottes mit Israel haben.

Kapitel 1

Wer war bei Abraham zu Gast?

Eine der am meisten verbreiteten Überzeugungen im Judentum ist die, dass es unmöglich ist, Gott zu sehen. In den dreizehn grundlegenden, von Rabbi Mosche Ben Maimon (1135–1204) geschriebenen Prinzipien des Glaubens in der Gebetshymne „Igdal“ und im Bekenntnis „Ani Maamin“, finden wir die Worte:

אין לו דמות הגוף ואין לו גוף

„Gott hat keine Gestalt und keinen Körper.“ Diese Überzeugung kommt von **5. Mose 4,12**:

Und der Herr sprach zu euch aus der Mitte des Feuers. Ihr hörtet den Klang der Worte, doch saht ihr keine Form. Ihr hörtet nur eine Stimme.

וַיְדַבֵּר יְהוָה אֲלֵיכֶם מִתּוֹךְ הָאֵשׁ קוֹל דְּבָרִים אַתֶּם שֹׁמְעִים, וּתְמוּנָה אֵינְכֶם רֹאִים זוּלָתִי קוֹל׃

Dieser Vers sagt aber nicht, Gott habe keine Gestalt. Er sagt lediglich, die Menschen am Sinai hätten keine Gestalt gesehen. Betrachten wir den Kontext, so macht dieser Vers keine Aussage über die Sichtbarkeit Gottes. Er ist Teil einer Warnung dagegen, sich ein Bild von Gott zu machen und Götzen anzubeten (siehe **Verse 15-24**).

Die Überzeugung, es sei unmöglich Gott zu sehen, ist teilweise richtig und teilweise falsch. Die Unsichtbarkeit Gottes wird auch im Neuen Bund erwähnt:

Niemand hat Gott jemals gesehen (Joh 1,18).

Ihr habt nie ... seine Gestalt gesehen (Joh 5,37).

Nicht dass jemand den Vater gesehen habe ... (Joh 6,46).

Welcher das Bild des unsichtbaren Gottes ist ... (Kol 1,15).

Dem König der Zeitalter aber, dem unverweslichen, unsichtbaren ... (1 Tim 1,17).

... den keiner der Menschen gesehen hat noch sehen kann ... (1 Tim 6,16).

Niemand hat Gott jemals gesehen (1 Joh 4,12).

... wie kann der Gott lieben, den er nicht gesehen hat? (1 Joh 4,20).

Auf der Grundlage aller dieser Verse ist es einfach zu verstehen, warum Menschen denken, es sei unmöglich Gott zu sehen. Wenn wir aber den Zusammenhang betrachten, so erhalten wir ein anderes Bild. Die Tatsache, dass Menschen Gott normalerweise nicht sehen, bedeutet nicht, dass Gott überhaupt nicht gesehen werden kann. Vielmehr können wir Ihn wegen unserer gefallenen Natur nicht sehen. Würden wir Gott in der Fülle Seiner Macht sehen, würde dies uns töten (**2 Mo 33,20**). Wir werden uns mit diesem Unterschied in Teil 2 noch näher befassen.

Einerseits ist es unmöglich Gott zu sehen. Andererseits haben unsere Vorväter und die Propheten immer wieder einmal „Jemanden" gesehen. Abraham hat diesen „Jemand" mehrfach gesehen:

Und JHWH erschien dem Abram (1 Mo 12,7).

וַיֵּרָא יְהוָה אֶל־אַבְרָם

Und das Wort – JHWH erschien dem Abram in einer Vision (1 Mo 15,1).

הָיָה דְבַר־יְהוָה אֶל־אַבְרָם בַּמַּחֲזֶה

Und JHWH erschien dem Abram (1 Mo 17,1).

וַיֵּרָא יְהוָה אֶל־אַבְרָם

Dann erschien ihm JHWH bei den Eichenbäumen zu Mamre (1 Mo 18,1).

וַיֵּרָא אֵלָיו יְהוָה בְּאֵלֹנֵי מַמְרֵא

In all diesen Versen finden wir das Wort „erschien", für welches im Hebräischen die Passivform des Verbs „sehen" gebraucht wird. Das heißt, Abraham hat ganz klar etwas gesehen. Man könnte diesen Ausdruck auch übersetzen mit „wurde von Abraham gesehen."

In den ersten drei Fällen findet sich im Weiteren keine genauere Beschreibung dessen, was Abraham sah. In Kapitel 18 aber lesen wir von einer spezifischen und sogar ziemlich detailliert beschriebenen Begegnung. Akademiker und rabbinische Kommentare versuchen mit größter Anstrengung zu erklären, warum es sich hier um ein Kapitel handle, das nicht wortwörtlich verstanden werden kann (*p'schat*, פשט). Der Text aber ist durchaus explizit und richtiggehend „real" in seiner Beschreibung der Einzelheiten.

Die atemberaubende und unvermeidbare Wahrheit ist, dass JHWH selbst gekommen ist, um Abraham in Menschengestalt zu begegnen. Er isst mit ihm und die Beiden besprechen zusammen einige wichtige Themen, angefangen von der bevorstehenden Schwangerschaft Sarahs bis hin zur unausweichlichen Zerstörung Sodoms. (Bitte nimm dir einige Momente Zeit, das ganze Kapitel 18 zu lesen, und folge dann im Text nach, während wir ihn studieren.)[1]

Dann erschien ihm JHWH bei den Eichenbäumen zu Mamre, als er in der Öffnung des Zeltes saß in der Hitze des Tages.

---

[1] Anmerkung: In der englischen Originalausgabe wurde ab hier der Name JHWH mit „Yehovah" wiedergegeben. Für die deutsche Ausgabe haben wir uns entschieden, dies nicht zu tun, da unterschiedliche Auffassungen existieren, ob man im Deutschen diesen Gottesnamen am besten mit „Jehova" oder „Jahwe" wiedergeben sollte. Eine Diskussion dazu findet sich in Anhang 3 „Jehova oder Jahwe".

Und er hob seine Augen und sah, siehe drei Männer standen bei ihm. Und als er sie sah, rannte er von der Zeltöffnung, um sie zu treffen, und beugte sich zu Boden (1 Mo 18,1-2).

וַיֵּרָא אֵלָיו יְהוָה, בְּאֵלֹנֵי מַמְרֵא וְהוּא יֹשֵׁב פֶּתַח־הָאֹהֶל כְּחֹם הַיּוֹם: וַיִּשָּׂא עֵינָיו
וַיַּרְא, וְהִנֵּה שְׁלֹשָׁה אֲנָשִׁים, נִצָּבִים עָלָיו וַיַּרְא, וַיָּרָץ לִקְרָאתָם מִפֶּתַח הָאֹהֶל,
וַיִּשְׁתַּחוּ אָרְצָה:

Abraham sah „**drei Männer**“, die ihn besuchen kamen. Wer waren diese drei Männer? Einer der drei wird JHWH genannt, die anderen zwei waren Engel.

Dann kamen die zwei Engel nach Sodom (1 Mo 19,1).

וַיָּבֹאוּ שְׁנֵי הַמַּלְאָכִים סְדֹמָה

Diese waren nicht irgendwelche Engel. Es waren *die* zwei Engel. Es handelt sich hier um die gleichen Engel, welche mit Abraham und JHWH zusammen waren. Die drei Besucher, die Abraham sah, waren erstens JHWH in der Form eines Menschen, und zweitens zwei Engel. Alle drei werden „Männer“ genannt.

Zwei Engel und dieser JHWH-Mann kommen in der Hitze des Tages, um Abraham zu besuchen. In üblicher exquisiter beduinischer Gastfreundschaft springt Abraham auf und rennt, um sie zu begrüßen. Hier geht es jedoch nicht um pure Gastfreundschaft. Abrahams Überschwang hat seinen Grund darin, dass er diesen JHWH-Mann wiedererkennt. Er war Ihm schon mehrfach begegnet.

Abraham rennt ihm entgegen, beugt sich vor ihm nieder und nennt ihn Herr. Das Wort für niederbeugen ist hier וישתחו, was man mit „niederbeugen“ oder „anbeten“ übersetzen kann. Dies ist der primäre Ausdruck im Hebräischen für „anbeten“. Das Wort für Herr im genannten Text ist אדוניי, Adonai. Dies ist die Mehrzahlform von „Herr“ und wird zumeist verwendet, wenn es sich auf den Namen JHWH bezieht.

Durch das ganze Kapitel 18 hindurch finden wir keinen Hinweis darauf, dass Abraham nicht verstehen würde, mit wem er spricht. Er behandelt Ihn als JHWH und als „Jemanden“, den er bereits kennt. Die drei Gestalten der Gruppe werden dreimal als „Männer“ bezeichnet: in Vers 2, Vers 16 und Vers 22. Der Besondere in der Gruppe wird viermal JHWH genannt: in Vers 1 (siehe oben), Vers 17, Vers 22 und Vers 33.

> *Dann standen die Männer auf und schauten in Richtung Sodom und Abraham ging mit ihnen, um sie zu verabschieden. Und JHWH sagte: „Sollte ich vor Abraham verheimlichen, was ich tun werde?“* (1 Mo 18,16-17).

וַיָּקֻמוּ מִשָּׁם הָאֲנָשִׁים, וַיַּשְׁקִפוּ עַל־פְּנֵי סְדֹם וְאַבְרָהָם, הֹלֵךְ עִמָּם לְשַׁלְּחָם:
וַיהוָה אָמָר הַמְכַסֶּה אֲנִי מֵאַבְרָהָם, אֲשֶׁר אֲנִי עֹשֶׂה:

Nachdem sie gegessen und über Isaaks Geburt gesprochen haben, stehen die drei „Männer“ auf, um sich zu verabschieden. Die zwei Engel gehen weiter nach Sodom, um dort ihre Arbeit zu tun. Der JHWH-Mann bleibt noch eine Weile, um sich mit Abraham alleine zu unterhalten.

> *Dann wandten sich die Männer ab und gingen in Richtung Sodom, doch Abraham stand noch immer vor JHWH* (1 Mo 18,22).

וַיִּפְנוּ מִשָּׁם הָאֲנָשִׁים, וַיֵּלְכוּ סְדֹמָה וְאַבְרָהָם, עוֹדֶנּוּ עֹמֵד לִפְנֵי יְהוָה:

Abraham und JHWH sprechen über Gericht und Gnade, was Sodom angeht. Am Schluss der Besprechung befinden sich die Engel schon kurz vor ihrer Ankunft in Sodom. Am Ende des Gesprächs kehrt der JHWH-Mann vermutlich in den Himmel zurück.

> *JHWH ging, als Er fertig mit Abraham gesprochen hatte und Abraham ging zurück zu seinem Platz. Die zwei Engel kamen nach Sodom* (1 Mo 18,33-19,1a).

וַיֵּלֶךְ יְהוָה, כַּאֲשֶׁר כִּלָּה, לְדַבֵּר אֶל־אַבְרָהָם וְאַבְרָהָם שָׁב לִמְקֹמוֹ: וַיָּבֹאוּ שְׁנֵי
הַמַּלְאָכִים סְדֹמָה

Die zwei Engel retten Lot aus Sodom und zerstören die Stadt. Die gesamte Begegnung zwischen Abraham und JHWH wird in 1. Mose 18 in realistischen Einzelheiten geschildert. Es ist heiß.

Sie essen eine volle Mahlzeit, die Milch und Fleisch zusammen beinhaltet. Die Zerstörung Sodoms ist greifbar. Das Ganze ist nicht als Traum oder Vision beschrieben, sondern als tatsächliches, historisches Ereignis.

Man mag an die Wahrheit der Bibel glauben oder nicht. Es ist aber nicht abzustreiten, dass der biblische Text dieses Ereignis als historische Tatsache schildert. In dieser Beschreibung finden wir also eine erstaunliche biblische Behauptung: man kann JHWH sehen, hören und sogar berühren. JHWH ist gekommen, um dem Menschen in menschlicher Gestalt zu begegnen.

Die Behauptung, Jeschua sei Gott, ist für religiöse Juden das größte Hindernis, um an Jeschua zu glauben. Die Frage ist nicht, ob er der Messias ist, sondern ob er Gott ist. Die orthodox jüdische Chabad-Bewegung behauptet seit einigen Jahren, ihr verstorbener Rabbiner, Rebbe Schneerson, habe göttliche Eigenschaften gehabt. Ihre Definition göttlicher Eigenschaften ist aber erheblich weniger anspruchsvoll als Jeschuas Göttlichkeit auf der Ebene des Neuen Bundes.

Der entscheidende Punkt liegt in unserem Verständnis der Natur Gottes. Die Vorstellung, Gott könne Menschengestalt – einen menschlichen Leib – annehmen und die Menschheit besuchen, scheint nicht monotheistisch und vor allem nicht jüdisch zu sein. Das eigentliche Problem liegt nicht in der Interpretation der messianischen Prophetien, sondern im Verständnis, wer der Messias ist. Der Gedanke, dass Gott „Fleisch" wurde, scheint abscheulich, ja beinahe gotteslästerlich zu sein.

Und doch, hier ist dem so. Unser Vater Abraham begegnet Gott, der sich in einem berührbaren menschlichen Körper zeigt. Wenn Gott tatsächlich in einem menschlichen Körper dem Abraham begegnet ist, dann ist der grundlegende Einwand gegen die Göttlichkeit Jeschuas beseitigt. **1. Mose 18** ist eine radikalere Darstellung der Fleischwerdung Gottes als irgendein neutestamentliches Kapitel.

Nun könnte man durchaus einwenden, Abraham habe die Gestalt in 1. Mose 18 nicht als Jeschua erkannt. Aber man kann jedenfalls nicht abstreiten, dass der Text eine Erscheinung JHWHs in menschlicher Gestalt beschreibt. Das Auftreten dieses Gott-Menschen und seine Begegnung mit Abraham machen den wichtigsten Grund für die jüdische Ablehnung Jeschuas zunichte.

Im Neuen Bund, in **Johannes 8**, lesen wir die klare Behauptung, der Eine, der Abraham besucht hatte, sei Jeschua gewesen. In einer hitzigen Diskussion mit den religiösen Führern wird das Thema Abraham angeschnitten. Jeschua antwortet:

> *Abraham, euer Vater, wurde froh, dass er meinen Tag sehen sollte, und er sah ihn und freute sich. Da sprachen die Juden zu ihm: Du bist noch nicht fünfzig Jahre alt und hast Abraham gesehen? Jesus sprach zu ihnen: Wahrlich, wahrlich, ich sage euch: Ehe Abraham wurde, bin ich. Da hoben sie Steine auf, um auf ihn zu werfen* (Joh 8,56-59).

In diesen Versen macht Jeschua mehrere schockierende Aussagen. Es ist verständlich, dass die religiösen Führer sich angegriffen fühlen und ihn zu steinigen versuchen. Jeschua sagt, Er habe schon vor der Zeit Abrahams gelebt, Abraham habe sich gefreut, Seinen Tag zu sehen. Jeschua sagt nicht, Abraham habe sich über eine Vision, oder über ein Kalenderdatum gefreut. Abraham freute sich, Jeschua an jenem Tag zu sehen, an welchem Er ihn in **1. Mose 18** besuchte. Viele Übersetzungen fügen in Vers 56 fälschlicherweise das Wort „ihn" ein. Abraham freute sich nicht „ihn" (den Tag) zu sehen. Er freute sich, Ihn (Jeschua) zu sehen.

Der Beweis dafür zeigt sich in der Frage der religiösen Führer: „Du hast Abraham gesehen?" Sie hatten eindeutig verstanden, was Jeschua behauptete, nämlich Er und Abraham hätten sich getroffen und gesehen.

Jeschua führt hier an, Er habe vor Abraham existiert. Er sagte: „Bevor Abraham war, *bin Ich.*" Damit nimmt Er außerdem Bezug auf den Namen JHWH. Der Mann in **1. Mose 18** wird vier Mal als JHWH bezeichnet. Der Name JHWH und der Name „ICH BIN DER ICH BIN" sind ein und derselbe (**2 Mo 3,14-15**). Was könnte man hier anderes schlussfolgern, als dass Jeschua unmissverständlich darauf hinweist, der JHWH-ICH-BIN-Mann zu sein, der in **1. Mose 18** mit Abraham eine Mahlzeit teilte?

War Jeschua etwa nicht ganz klar im Kopf? Aber dies ist seine Aussage. Und so verstanden ihn die religiösen Führer. Dies verärgerte sie so sehr, dass sie Ihn umbringen wollten. Diese Antwort war nicht gerade geeignet, kritische Schriftgelehrte zu befriedigen. Jeschua ließ ihnen nur drei Möglichkeiten: Erstens, zu denken, Er sei wahnsinnig, zweitens, Ihn als Gotteslästerer umzubringen, oder drittens, zu glauben, Er sei der JHWH-Mann, der Abraham besuchte.

Für die religiösen Führer des ersten Jahrhunderts war die Wahl zwischen Jeschuas Wahnsinn und Göttlichkeit keinesfalls einfach. Wir jüdischen Menschen sollten danach verlangen, den Spuren Abrahams zu folgen. Wir sollten an denselben Gott glauben wie er. In dem Ausmaß, in dem Gott Abraham in menschlicher Gestalt begegnen konnte, sollten auch wir glauben, dass Gott Mensch werden kann – nicht weniger, nicht mehr. Unser Glaube ist im Einklang mit dem Glauben unserer Vorväter.

Gemäß Thora und Neuem Bund gibt es einen Aspekt Gottes, wonach Gott unsichtbar ist. Und es gibt einen anderen Aspekt Gottes, wonach Gott in der körperlichen Gestalt eines Menschen erscheint. Dieser scheinbar widersprüchliche Doppelaspekt der Sichtbarkeit und Unsichtbarkeit Gottes, beschreibt Johannes folgendermaßen:

> *Niemand hat Gott je gesehen; der eingeborene Sohn, der in des Vaters Schoss ist, der hat es uns verkündigt* (Joh 1,18).

Den Gott, den wir nicht sehen können, bezeichnet Jeschua als „unseren Vater im Himmel“. Der, den wir sehen und in menschlicher Gestalt berühren können, wird mit mehreren Namen bezeichnet, zum Beispiel Wort Gottes, Engel JHWHs, Sohn des Menschen und Sohn Gottes. (Wir werden diese Bezeichnungen in den kommenden Kapiteln noch genauer betrachten). Der Neue Bund behauptet, Jeschua sei diese Person.

Man kann eine Parallele erkennen zwischen der Mahlzeit, die Abraham mit dem JHWH-Mann teilte, und der Mahlzeit, die Jeschua mit Seinen Jüngern einnahm, sei es beim Abendmahl oder den Mahlzeiten am Ufer des Sees Genezareth. Stell dir die Dynamik vor: intim und doch gewaltig, geheimnisvoll und doch irdisch, göttlich und doch menschlich – Gott und Mensch in Gemeinschaft über einem Bundesmahl. Stell dir das Aroma und den Geschmack des Essens vor, den Mittagsschweiß in der heißen Sonne des Nahen Ostens. Stell dir die Männergespräche über Gerechtigkeit, Familie und das kommende messianische Königreich vor. Sie erlebten ewige Offenbarung inmitten einer höchst zeitgebundenen Situation.

Du und ich können die gleiche Freundschaftsbeziehung mit Jeschua haben, die Abraham im Bund mit demselben JHWH-Mann hatte, den er kannte.

Kapitel 2

Wer gab Jakob einen Schlag aufs Hüftgelenk?

Die Begegnungen Abrahams mit diesem JHWH-Mann gehörten zweifellos zu den wichtigsten Erfahrungen seines Lebens. Sicherlich erzählte er allen darüber, auch seiner Frau, seinen Kindern, seinen Dienern und Nachbarn.

Auch Hagar, die Magd seiner Frau, hatte eine solche Begegnung mit dieser besonderen Person. In ihrem Fall wurde Er als der Engel JHWHs bezeichnet. Dieser Engel begegnete ihr, als sie vor Sarah davonlief. Er versprach ihr, sie und ihre Kinder durch Ishmael zu segnen.

Und der Engel JHWHs fand sie bei der Wasserstelle in der Wüste (1 Mo 16,7).

וַיִּמְצָאָהּ מַלְאַךְ יְהוָה עַל־עֵין הַמַּיִם בַּמִּדְבָּר

Dies war kein gewöhnlicher Engel. In den Versen 9, 10 und 11 wird er auch als Engel JHWHs bezeichnet, doch in Vers 13 trägt Er einfach den Namen JHWH.

Und sie nannte JHWH, der mit ihr sprach, „Gott, der mich sieht“. (1 Mo 16,13).

וַתִּקְרָא שֵׁם־יְהוָה הַדֹּבֵר אֵלֶיהָ, אַתָּה אֵל רֳאִי

Es gibt viele Engel, und sie begegnen den Menschen oft. Aber es gibt auch eine andere Gestalt, die als Engel JHWHs bezeichnet wird. Diese ist anders. Sie spricht als Gott in der ersten Person und wird JHWH genannt. Auch in diesem Abschnitt spricht der Engel JHWHs mit Hagar, als ob Er Gott wäre. Er wird JHWH genannt. (Im zweiten Teil dieses Buches setzen wir uns noch näher mit der Gestalt des Engels JHWHs auseinander).

Dieser selbe Engel begegnete auch Abraham, als er Isaak opfern wollte. Dies war kein gewöhnlicher Engel. Gerade als Abraham das Messer hob, heißt es:

Aber der Engel JHWHs rief ihn vom Himmel (1 Mo 22,11).

וַיִּקְרָא אֵלָיו מַלְאַךְ יְהוָה מִן־הַשָּׁמַיִם

Dann beginnt der Engel als Gott zu ihm in der ersten Person zu sprechen.

Denn jetzt weiß Ich, dass du Gott fürchtest und deinen Sohn, deinen einzigen Sohn, Mir nicht enthalten hast (1 Mo 22,12).

כִּי עַתָּה יָדַעְתִּי, כִּי־יְרֵא אֱלֹהִים אַתָּה, וְלֹא חָשַׂכְתָּ אֶת־בִּנְךָ אֶת־יְחִידְךָ מִמֶּנִּי׃

Und Er sagte: „Bei mir selbst habe ich geschworen", sagt JHWH ... (1 Mo 22,16).

וַיֹּאמֶר בִּי נִשְׁבַּעְתִּי נְאֻם־יְהוָה

Denn mit Segen werde Ich dich segnen und viel werde Ich deinen Samen vermehren ... (1 Mo 22,17).

כִּי־בָרֵךְ אֲבָרֶכְךָ, וְהַרְבָּה אַרְבֶּה אֶת־זַרְעֲךָ

Für einen gewöhnlichen Engel wäre es nicht angebracht, auf diese Art zu sprechen und sich selbst in erster Person als Gott zu bezeichnen.

Tatsächlich haben die Patriarchen jenen Berg als Berg Moria bezeichnet, was wortwörtlich bedeutet: „Berg, auf dem JHWH erscheint."

Auf dem Berg wird JHWH ***erscheinen.***[1] (1 Mo 22,14).

יֵאָמֵר הַיּוֹם, בְּהַר יְהוָה יֵרָאֶה׃

Die Erscheinung dieses Engels wurde von ihnen als eine Erscheinung JHWHs verstanden. Bei dieser Begebenheit war der Engel dabei, als Abraham Isaak opferte. Das „Festbinden" Isaaks ist ein Abbild für alle zukünftigen Tempelopfer, und diese Opfer werden im Licht der Opferung Isaaks gesehen. Sowohl die Tempelopfer als auch das „Festbinden" des Isaak waren Symbole für das zukünftige Opfer des Messias. Isaak ist ein Abbild des Messias. Der Engel war bei jenem symbolischen Opfer dabei. In der Tat erlebte der Engel dadurch die symbolische Darstellung Seines eigenen Opfers, das beinahe 2000 Jahre später geschehen sollte.

Die Bibel erzählt uns von einem zweiten und dritten Mal, an dem JHWH Isaak erschien.

Dann ***erschien*** *ihm JHWH* (1 Mo 26,2).

וַיֵּרָא אֵלָיו יְהוָה

Und JHWH ***erschien*** *ihm in dieser Nacht* (1 Mo 26,24).

וַיֵּרָא אֵלָיו יְהוָה בַּלַּיְלָה הַהוּא

In allen drei Stellen sind sowohl die hebräische Verbwurzel als auch der Stamm die gleichen wie damals, als JHWH Abraham erschien.

Das Bewusstsein für diesen göttlichen Besucher wurde von Abraham durch Isaak an Abrahams Enkel Jakob weitergegeben. Jakob erlebt mehrere Begegnungen mit diesem Gott-in-Gestalt-eines-Menschen. Das erste Mal geschieht es, während Jakob vor seinem Bruder Esau flüchtet. In dieser Nacht hat er einen Traum, in welchem er eine Leiter zwischen Himmel und Erde sieht, auf welcher Engel auf- und absteigen.

---

[1] In der Elberfelder Bibel mit Sprachschlüssel steht in der Fußnote: „o. Auf dem Berg(, wo) der Herr sich sehen lässt." – LXX: Auf dem Berg „Der Herr lässt sich sehen".

Das waren alles gewöhnliche Engel. Aber am Kopfende der Leiter sieht er ein anderes Wesen.

Und siehe, JHWH stand an ihrem Kopfende und sagte: „Ich bin JHWH, der Gott Abrahams, deines Vaters, und der Gott Isaaks.“ (1 Mo 28,13).

וְהִנֵּה יְהוָה נִצָּב עָלָיו וַיֹּאמַר, אֲנִי יְהוָה, אֱלֹהֵי אַבְרָהָם אָבִיךָ, וֵאלֹהֵי יִצְחָק

Im Anschluss an diese Vision errichtet Jakob eine Steinsäule, salbt sie mit Öl und schwört Gott einen Eid. Er nennt den Ort Beit El, Haus Gottes.

In diesem Kapitel steht nicht ausdrücklich, dass JHWH in der Gestalt eines Mannes erschien. Wir müssen uns aber doch fragen, was Jakob am Kopfende dieser Leiter gesehen haben könnte. Die Annahme liegt auf der Hand, dass es sich um eine menschenähnliche Gestalt gehandelt haben muss, denn eine Leiter hat eine Form, die für Menschen gemacht ist.

Als JHWH Jakob ein zweites Mal begegnet, stellt die Bibel nämlich klar, wer ihm in seinem Traum erschienen ist. Das zweite Mal ereignet sich, als Jakob von seinem Onkel Laban ungerecht behandelt wird und den Traum von den gefleckten männlichen Schafen hat, die auf die weiblichen springen. In diesem Fall kehrt der göttliche Besucher als „Engel JHWHs“ zurück. Jakob erzählt den Traum seinen Frauen:

Dann sprach der Engel Gottes zu mir im Traum: „Jakob“, und ich sagte: „Hier bin ich.“ (1 Mo 31,11).

וַיֹּאמֶר אֵלַי מַלְאַךְ הָאֱלֹהִים בַּחֲלוֹם יַעֲקֹב וָאֹמַר הִנֵּנִי׃

Man könnte sich vorstellen, JHWH habe sich Jakob in der ersten Erscheinung in Beit El nicht in menschlicher Gestalt offenbart. Man könnte auch denken, Jakob habe in dieser zweiten Erscheinung einfach einen gewöhnlichen Engel gesehen. Doch dann sagt dieser „Engel“ zu Jakob etwas sehr Außergewöhnliches:

Ich bin der Gott von Beit El, wo du die Säule gesalbt hast, wo du mir geschworen hast (1 Mo 31,13).

אָנֹכִי הָאֵל בֵּית־אֵל, אֲשֶׁר מָשַׁחְתָּ שָּׁם מַצֵּבָה, אֲשֶׁר נָדַרְתָּ לִּי שָׁם נֶדֶר

Was diese Aussage bedeutet, ist geradezu schockierend. Der Engel JHWHs erscheint Jakob. Er ist eindeutig ein Botschafter, ein „Gesandter“. Dann sagt dieser Engel: „Ich bin Gott. Ich bin der Gott Abrahams und Isaaks. Ich bin derjenige, den du in deiner ersten Vision gesehen hast.“ Hier ist also ein Engel, der von sich selbst sagt, er sei Gott.

Fassen wir dies zusammen: In der ersten Erscheinung (**1 Mo 28**) erscheint JHWH Gott. In der zweiten Erscheinung (**1 Mo 31**) erscheint ein Engel. Dieser Engel stellt unmissverständlich klar, Er sei der JHWH-Gott, welcher in der ersten Erscheinung erschien. Er ist nicht *ein* Engel, sondern *der* Engel. JHWH-Gott erweist sich also als der Engel und der Engel erweist sich als JHWH-Gott. Sie sind ein und derselbe.

Diese Gestalt, dieser Gott-Mensch-Engel, ist derselbe, den Abraham, Isaak und Jakob ihren Gott nannten. Moderne Textkritik bezeichnet diese Beschreibung der Ereignisse vielleicht als Anachronismus oder als Antropomorphismus[2]. Aber solche akademischen Begriffe existierten zur Zeit Abrahams, Isaaks und Jakobs noch nicht. Was in der Bibel geschrieben steht, beschreibt, was sie von Gott wussten, wie sie Ihn erfuhren, und was sie über Ihn glaubten. Dies mag heute für manchen primitiv erscheinen, doch für sie war es Wirklichkeit.

Die dritte göttliche Erscheinung, die Jakob sah, fordert den Glauben noch viel mehr heraus. Jakob kehrt aus dem Exil zurück und fürchtet sich vor dem baldigen Wiedertreffen mit Esau, seinem Bruder, vor welchem er ungefähr 20 Jahre früher geflüchtet war. Jakob sendet seine Frauen und Kinder vor sich her und bleibt in der Nacht am Ufer des Flusses Jabbok allein zurück.

> *Dann blieb Jakob alleine zurück und ein Mann rang mit ihm bis zur Morgenröte* (1 Mo 32,24).

וַיִּוָּתֵר יַעֲקֹב לְבַדּוֹ וַיֵּאָבֵק אִישׁ עִמּוֹ, עַד עֲלוֹת הַשָּׁחַר׃

[2] Wikipedia: Der Begriff Anthropomorphismus bezeichnet das Zusprechen menschlicher Eigenschaften auf Tiere, Götter, Naturgewalten und Ähnliches (Vermenschlichung).

Dieses Mal geschah die Erscheinung nicht in einem Traum. Jemand kommt mitten in der Nacht und beginnt mit Jakob zu ringen. Keiner der beiden scheint überlegen zu sein, so versetzt der geheimnisvolle Mann Jakob einen Schlag von hinten in die Hüfte (wir würden dies heute einen gezerrten Oberschenkelmuskel nennen). Jakob weigert sich trotz des Schmerzes loszulassen und verlangt von diesem Mann, gesegnet zu werden.

Da Jakob diesen geheimnisvollen Mann um Seinen Segen bittet, hat er vermutlich schon erkannt, mit wem er gekämpft hat. Der Mann ändert daraufhin Jakobs Namen zu „Israel“ – von „Fersenhalter“ zu „Prinz Gottes“. Jakob fragt den Mann nach seinem Namen, doch diese Bitte wird nicht erhört. Jakob, nun Israel genannt, nennt den Ort der Begegnung *Peniel*, Angesicht Gottes.

> *Und Jakob nannte den Ort Peniel: „Denn ich habe Gott von Angesicht zu Angesicht gesehen, und mein Leben wurde bewahrt.“* (1 Mo 32,30).

> וַיִּקְרָא יַעֲקֹב שֵׁם הַמָּקוֹם פְּנִיאֵל כִּי־רָאִיתִי אֱלֹהִים פָּנִים אֶל־פָּנִים, וַתִּנָּצֵל נַפְשִׁי׃

In Vers 24 wird unsere geheimnisvolle Gestalt ein Mann genannt. In Vers 30 wird Er Gott genannt. Ist Er denn nun Gott oder Mensch? Oder ist Er ein Gott-Mensch?

Am nächsten Morgen hinkt Jakob noch immer. Warum hat ihm Gott die Hüfte verrenkt? Die Antwort lautet: Um Jakob zu versichern, dass dies kein Traum war. Dies war Wirklichkeit. Jakob war ein geistlicher Träumer. Wann immer er jedoch versucht war, zu denken, alles sei nur ein Traum gewesen, irreal oder eine mystische Erfahrung, dann zuckte ein Schmerz durch seine Hüfte – einfach nur, um ihn daran zu erinnern, wie sehr diese Begegnung Wirklichkeit gewesen war.

Jakob hatte eine Begegnung mit einem Menschen, der auch Gott war. Gott kam in der Gestalt eines Menschen. Es geschah in einem wirklichen Körper. (Wenn du das nicht glaubst, pass auf deine Hüfte auf!) Jakob und seine ganze Familie waren von dieser Erfahrung derart schockiert, dass sie während Generationen aufhörten, das Fleisch des Oberschenkels zu essen.

Einige Jahre später sagt Gott zu Jakob, er solle nach Beit El zurückgehen. Dort erscheint ihm Gott zum **vierten** Mal (**1 Mo 35,9-13**). Gott schaut mit Jakob noch einmal die Bundesversprechungen an, die bei Beit El gemacht worden waren. (Es ist möglich, dass es sich hierbei nicht um eine neue Begegnung handelt, sondern nur um eine zweite Beschreibung der bereits vergangenen. Doch finden wir darin neue Einzelheiten, welche vermuten lassen, es habe sich um eine neue Erscheinung gehandelt. In beiden Fällen bleibt die Aussage aber die Gleiche.)

Vielleicht bleibt immer noch die Frage, ob der Mann bei Peniel wirklich Gott gewesen ist. Betrachten wir aber die Erzählung über diesen Rückblick auf die Begegnung bei Peniel: Der göttliche Besucher bekräftigt die Bundesversprechungen erneut. Er erinnert ihn an den Segen und daran, wie Er seinen Namen zu Israel geändert hat.

Es ist eindeutig dieselbe „Person", die spricht.

Dann erschien Gott dem Jakob erneut ... und Gott sagte zu ihm: „Ich bin der Allmächtige (El Shaddai)." (1 Mo 35,9.11).

וַיֵּרָא אֱלֹהִים אֶל־יַעֲקֹב עוֹד... וַיֹּאמֶר לוֹ אֱלֹהִים אֲנִי אֵל שַׁדַּי

El Shaddai Gott sagt: „Ich bin der Mann, der mit dir bei Peniel gerungen hat." Und umgekehrt sagt der Mann, der mit Jakob bei Peniel gerungen hat: „Ich bin El Shaddai." El Shaddai, der große Versorger-Gott, welcher Bünde schließt und Familien und Finanzen segnet, erschien unseren Vorvätern viele Male in der Gestalt eines Mannes. Dieser El Shaddai ist derselbe, der in dieser Nacht bei Peniel mit Jakob rang. Er beanspruchte für sich, sowohl Gott als auch Mensch zu sein.

Unsere Vorväter kannten El Shaddai in der Gestalt eines Gott-Mensch-Engels. Seine wahre Identität aber war für sie dennoch eine Art Geheimnis. In späteren Jahren sollte Er als Messias offenbart werden. So wie unsere Vorväter einen Bund mit El Shaddai geschlossen haben, so schließen wir einen neuen Bund mit Jeschua. Er war dieser Gott-Mensch, an den unsere Vorväter glaubten. Er ist der Messias.

Kapitel 3

Warum wurde Jeschua beschnitten?

El Shaddai war der Gott Abrahams, Isaaks und Jakobs. Er erschien unseren Vorvätern als Mensch und als Engel. Obwohl dieser Gott-Mensch-Engel oft als JHWH bezeichnet wurde, offenbarte Er Seinen wirklichen Namen nicht (**1 Mo 32,30**), denn Sein wirklicher Name sollte erst zu einem späteren Zeitpunkt offenbart werden. Dieser Zeitpunkt sollte kommen, wenn dieser Gott-Mensch-Engel als Messias in die Welt hineingeboren werden würde.

Die Offenbarung, dass dieser Gott-Mensch-Engel des Tanach als Mensch in diese Welt hineingeboren werden würde, ist erstaunlich. Diese Erscheinung wird als eine Epiphanie bezeichnet, eine Manifestation Gottes unter den Menschen. Davon hat Johannes gesprochen, als er schrieb: *„Das Wort wurde Fleisch und wohnte unter uns"* (Joh 1,14). Auch Scha'ul (Paulus) bezog sich darauf in seinen Worten: *„Groß ist das Geheimnis der Göttlichkeit: Gott ist offenbart im Fleisch …"* (1 Tim 3,16).

Die zentrale Bedeutung von Jeschuas Geburt ist in christlichen Kreisen wohlbekannt; wir sprechen von ihr als der Inkarnation oder „Fleischwerdung". In diesem Kapitel möchte ich aber einen besonderen Aspekt von Jeschuas Geburt erwähnen, der vermutlich sowohl von den meisten Christen als auch von den meisten Juden übersehen wird: Jeschuas Beschneidung. Jeschua wurde nicht nur geboren, sondern auch beschnitten.

Er kam nicht nur in diese Welt, sondern wurde nach seiner Ankunft auch beschnitten.

Das operative Verfahren der Beschneidung ist nicht so wichtig. Die Bundesverpflichtung hingegen, die mit diesem Verfahren eingegangen wird, ist von gewaltiger Tragweite. Die Beschneidung ist für einen Juden, was der Ehering für eine Hochzeit ist. Sie ist das äußerliche Zeichen dafür, dass der Bund geschlossen wurde.

Der Gott-Mensch-Engel schloss einen Bund mit den Patriarchen. Durch einen Bund erwählte er uns als Nation und gab uns das Land Israel. Es war, als ob er zu den Patriarchen gesagt hätte: „Ich kann euch meinen Namen jetzt nicht sagen. Mein Name ist mit diesem Bund verknüpft. Eines Tages werde ich in diese Welt hineingeboren werden und durch die Beschneidung selbst in diesen Bund eintreten. Zu jenem Zeitpunkt wird mein geheimnisvoller Name offenbart werden." Jeschua schloss einen Bund mit dem jüdischen Volk, als er leiblich beschnitten wurde. Er schloss einen Bund mit der ganzen Menschheit, als er mit seinem Leib gekreuzigt wurde.

Dieser Christus-Messias und der Gott-Mensch-Engel sind ein und derselbe. Zur Zeit der Vorväter hatte er keinen Eigennamen, weil Sein Name kurz nach Seiner Geburt, während Seiner Beschneidung, offenbart werden sollte.[1]

> *Und als acht Tage um waren für die Beschneidung des Kindes, wurde Sein Name Jeschua genannt, der Name, den der Engel genannt hatte, bevor Er im Mutterleib empfangen worden war* (Lk 2,21).

Sein Name war Jeschua. Diesen Namen erhielt Er bei Seiner Beschneidung. Jeschua ist der Gott-Mensch-Engel, der als Messias in unsere Welt hineingeboren wurde, um uns aus unserer Sünde zu retten. Er ist derjenige, der unseren Vorvätern erschien und den Bund der Beschneidung mit ihnen schloss (vgl. 1 Mo 17,1-14). Nach Seiner Empfängnis vereinte sich

[1] Für eine ausführlichere Betrachtung der Macht der Namen JHWH und Jeschua, siehe Anhang 4 „JHWH und Jeschua".

Seine göttliche Persönlichkeit mit dem „Samen" Miriams. Er existierte bereits zuvor als göttlicher Engel, doch das Einswerden von Gott und Mensch in Jeschua war eine neue Wirklichkeit, die erst im Moment Seiner Geburt ihren Ausdruck fand. Der Engel JHWHs, der von Abraham verlangte, sich zu beschneiden, wurde später selbst beschnitten, als Er als Mensch in diese Welt geboren wurde.

Warum ist all dies für uns heute wichtig? Warum erhielt dieser Gott-Mensch-Engel keinen Namen, bis Er in unsere Welt hineingeboren wurde? Warum wurde Sein Name ausgerechnet am Tage Seiner Beschneidung verkündet? Die Antworten auf diese Fragen sind sowohl für Juden als auch für Christen eine Herausforderung.

Betrachten wir zuerst die Bedeutung dieser Herausforderung für die jüdische Weltanschauung. Gott erschien unseren Vorvätern in der Gestalt eines Gott-Mensch-Engels. Der Gott Abrahams, Isaaks und Jakobs ist nicht eine abgewandte und distanzierte Göttlichkeit, welche wir weder kennen noch fühlen können. Er ist uns näher als der Berg Sinai, er tut mehr als nur Gesetze erlassen und Regeln festlegen. Er ist keine Wolken- und Feuersäule. Er ist ein persönlicher, uns nahestehender Gott, der an unserem Leben beteiligt ist. Er erschien unseren Vorvätern in der Gestalt eines Menschen und in der Gestalt eines Engels und schloss einen Bund mit ihnen (**1 Mo 15,18; 17,2; 2 Mo 2,24**).

Der zweite Aspekt der Herausforderung für die jüdische Weltanschauung ist die Tatsache, dass dieser El Schaddai, Gott-Mensch-Engel, niemand anders ist als Jeschua. Ja, das ist derselbe, den wir nun für 2000 Jahre abgelehnt haben. Seine Person war ständig gegenwärtig in unserer Geschichte, ob wir es nun wollten oder nicht. Dass unser 2000-jähriges Exil bald nach unserer Ablehnung seiner Botschaft begann, ist kein Zufall. Der Glaube an Jeschua ist die angemessene und logische Fortsetzung unseres Glaubens an denselben Gott, an den Abraham, Isaak und Jakob geglaubt haben.

Der dritte Aspekt der Herausforderung für die jüdische Welt hat mit unserem Verständnis der Bündnisse zu tun, welche von unseren Vorvätern geschlossen wurden. Durch jene Bündnisse wurden wir zum auserwählten Volk. Durch jene Bündnisse erhielten wir das Land Israel. Durch jene Bündnisse empfangen wir sowohl himmlischen als auch irdischen Segen.

Aber wer schloss diese Bündnisse mit Abraham, Isaak und Jakob? Es war dieser Gott-Mensch-Engel, den wir in diesen Kapiteln genauer betrachtet haben. Die ursprünglichen Bündnisse, welche unser Volk auszeichnen, wurden mit Gott in Seiner Mensch-Engel-Gestalt geschlossen. Jenes Wesen war Jeschua, bevor er als Mensch in unsere Welt geboren wurde. Er ist derjenige, der mit unseren Vorvätern Bündnisse schloss.

Wir sind das auserwählte Volk. Unsere Auserwählung wurde durch die Bündnisse der Patriarchen festgelegt. Jene Bündnisse wurden mit Jeschua geschlossen. Unsere ganze Auserwählung macht keinen Sinn ohne eine Glaubensbeziehung zu diesem Gott-Mensch-Engel, der den Bund mit unseren Vorvätern schloss. Ja, unsere Auserwählung als Volk wird erst gültig durch unsere Beziehung zu Jeschua. Ohne Jeschua verliert unsere eigentliche Identität als Juden, als Israelis, als auserwähltes Volk ihren Zweck.

Vergleichen wir diesen Punkt mit dem Beispiel der Ehe. Meine Frau nahm meinen Nachnamen an, als wir heirateten. Zuvor hieß sie Betty Kirschbaum, jetzt heißt sie Betty Intrater. Ihr neuer Name, ihre Identität und Rolle als Frau und Mutter würden ohne unsere Beziehung ihren Zweck verlieren. Würde sie sich von mir scheiden lassen, gäbe es keinen Grund für sie, sich noch länger als Betty Intrater zu bezeichnen. Dasselbe gilt auch für mich. Meine Rolle als Vater und Ehemann hätte außerhalb meines Ehebundes mit Betty keinerlei Bedeutung.

Ähnlich steht es mit Israel. Ohne Jeschua ist es für Israel unmöglich, den Zweck seines Bundes zu erfüllen. Unsere Erwählung gründet nicht auf einer rassischen Überlegenheit. Wir wurden auserwählt, weil wir einen Bund mit El Shaddai haben. Ohne diesen „Bündnisse schließenden Gott-Menschen“ verliert jegliche jüdische Identität ihren Zweck. Ohne Jeschua würden wir uns als „Söhne des Bundes“ bezeichnen, die überhaupt keine Beziehung zu dem Partner hätten, der den Bund mit uns geschlossen hat.

Der vierte Aspekt der Herausforderung für die jüdische Weltanschauung schließlich ist die Verbindung zwischen dem Land Israel und der Person Jeschuas. (Wir werden dieses Thema in Teil 3 noch vertiefter betrachten). Das Land wurde Abraham, Isaak und Jakob auf Grund des Bundes als Besitz gegeben. Dieser Landbund wurde mit dem Gott-Mensch-Engel geschlossen, an welchen unsere Vorväter glaubten. Diese Gestalt war Jeschua. Das Anrecht des jüdischen Volkes auf das Land Israel beruht auf einem Bund mit Jeschua.

Die Rückkehr des jüdischen Volkes ins Land Israel seit dem Ende des neunzehnten Jahrhunderts hat nicht nur mit Geschichte und Politik zu tun. Sie hängt auch mit Bund und Prophetie zusammen. Unsere moderne „politische Korrektheit“ sieht keinen göttlichen Auftrag darin, dass unser Volk in unserem ursprünglichen Heimatland leben soll. Doch dieser Auftrag entspringt der Bibel. Unser „Recht“ in diesem Land zu wohnen, gründet auf unseren alten Bündnissen, und diese wurden mit Jeschua geschlossen.

Unsere Hinwendung zum Glauben an unseren eigenen Messias bringt unsere Identität als das auserwählte Volk voll zur Geltung (**Röm 11,15**). Durch Jeschua wird auch unsere Wiederherstellung als Volk im Land Israel ihren vollen Zweck erreichen (**Lk 13,34-35; 19,41-44; 21,23-24**).

Sowohl unsere Identität als auch unser Land wurden uns durch einen Bund gegeben. Der Schöpfer dieses Bundes war der Gott-Mensch-Engel, dessen Name seit Seiner Menschwerdung Jeschua heißt. Seine Beschneidung ist das Bundeszeichen. Die Beschneidung ist daher mit dem Bund verbunden und der Bund ist mit Jeschua verbunden. Durch seine Beschneidung trat Jeschua in den „abrahamischen“ Bund ein, genauso, wie Abraham dies tat. Deshalb wurde Yeschuas Name erst bei Seiner Geburt verkündet.

Ein Vater, der die Vorkehrung trifft, seinen Sohn beschneiden zu lassen, verkündet den Segen, dass er seinen Sohn unter den Bund Abrahams gestellt hat. Als Jeschua beschnitten wurde, stellte er sich unter den Bund Abrahams. Zwar hatte Yeschua von Gott aus gesehen sich zu diesem Bund bereits verpflichtet, als er in **1. Mose 15,17** zwischen den Hälften der Tieropfer hindurchging. Doch nun war er seit seiner Beschneidung auch für die Menschen sichtbar daran gebunden.

Seine Verpflichtung gegenüber den Bündnissen mit dem jüdischen Volk stellt Jeschua durch seine Beschneidung unter Beweis. Dass Sein Name zur Zeit Seiner Beschneidung verkündet wurde, zeigt die direkte Verbindung zwischen Jeschuas Identität als Mensch und seiner Bundesverpflichtung gegenüber dem jüdischen Volk.

Deshalb ist die Vorstellung, Jeschua sei dieser Gott-Mensch-Engel, der mit Abraham, Isaak und Jakob einen Bund schloss, gleichermaßen eine Herausforderung auch für die christliche Weltanschauung. Diese Vorstellung stellt einen Anspruch an die Haltung des Christen gegenüber dem jüdischen Volk, gegenüber dem Land Israel, und gegenüber den Bündnissen, die mit unseren Vorvätern geschlossen wurden.

Ein wirklich wiedergeborener Christ hat einen Bund mit Gott durch Jeschua. Dieser Bund brachte die Vergebung der Sünden und ewiges Leben. Aber schon über 1000 Jahre vor der Kreuzigung hat dieser selbe Jeschua einen Bund mit Abraham, Isaak und Jakob geschlossen. Er ist derjenige, der die Juden zum auserwählten Volk machte, und er ist derjenige, der Israel zum Heiligen Land erklärte.

Ein Christ ist auf Grund des Neuen Bundes durch den Glauben an Jeschua gerechtfertigt. Doch mit dem jüdischen Volk hatte Jeschua bereits vorher einen Bund geschlossen. Jedem, der glaubt, versprach er ewiges Leben. Doch ebenso versprach er dem jüdischen Volk lange Zeit vorher das Land Israel. Was bedeutet das für die christliche Welt von heute?

Benutzen wir das Beispiel eines Geschäftsvertrages. Jemand bietet dir an, per Vertrag dein Geschäft zu kaufen. Du hast aber noch einen Geschäftspartner mit einem älteren Vertrag. Vor der Unterzeichnung eines neuen Vertrags musst du dich um die bereits bestehenden Verpflichtungen gegenüber deinem Geschäftspartner kümmern. Wenn der neue Vertrag nämlich den vorherigen verletzt, so wird der neue Vertrag automatisch ungültig.

Wenn einc Firma eine andere aufkauft, so muss die neue Firma die bestehenden Verträge mit Arbeitnehmern und Kunden weiterführen. In gleicher Weise muss der Neue Bund, um seine Integrität zu wahren, alle Verpflichtungen des Alten Bundes einhalten. Die Verheißungen des Neuen Bundes für die Gemeinde verlangen, dass Gott gegenüber den Verheißungen des Alten Bundes für das Volk Israel treu ist.

Dasselbe Prinzip gilt auch auf der Ebene der Regierungen. Wenn eine neue Regierung die Kontrolle in einem Land übernimmt, muss die neue Regierung die Verträge und politischen Abkommen der vorangehenden Regierung anerkennen. Die Bündnisse einer „neuen" Regierung müssen die „alten" Bündnisse einer vorherigen Regierung anerkennen.

Alle wahren Christen treten in eine Bundesbeziehung mit Jeschua. Und Jeschua hat eine ältere Bundesbeziehung mit dem Volk Israel. Ein Christ könnte vielleicht sagen, Gottes Bund mit Israel besitze keine Gültigkeit mehr, weil Israel Jeschua abgelehnt habe. Dies stimmt so nicht ganz. Gottes Verheißungen sind an Bedingungen geknüpft und unser Volk hat Gottes Bündnisse gebrochen. Aber Gottes Wort ist noch immer ewig gültig. Selbst wenn wir unseren Bündnissen untreu geworden sind, bleibt Gott seinen Verheißungen doch treu. Es geht hier nicht um unsere mangelnde Rechtschaffenheit, sondern um die Bundestreue Gottes.

Ich sage denn nun, dass der Messias ein Diener der Beschnittenen wurde wegen der Treue Gottes, um die Verheißungen zu erfüllen, die den Vätern gegeben wurden, und damit die Nichtjuden Gott für Seine Barmherzigkeit preisen mögen (Röm 15,8-9).

Jeschua wurde beschnitten und lebte als thoratreuer Jude, um Gottes Treue zu unserem Volk unter Beweis zu stellen. Jeschua ist ein treuer Bräutigam, selbst wenn wir eine untreue Ehefrau waren (dies ist das zentrale Thema des Buches Hosea). Wenn er Israel die Treue nicht hält, wie wird er dann der Christlichen Gemeinde treu bleiben?

In Jeremia 31 verheißt Gott einen Neuen Bund zur Vergebung der Sünden und um die Thora in unsere Herzen zu schreiben. Im gleichen Kapitel verspricht er auch, das jüdische Volk zu erhalten. Die Verheißung des Neuen Bundes findet sich in den Versen 31 bis 34, die Verheißung der Bewahrung des jüdischen Volkes in den Versen 35 bis 37.

So sagt JHWH, der die Sonne als Licht für den Tag gibt und die Ordnung des Mondes und der Sterne als Licht für die Nacht …
„Wenn diese Ordnungen nicht mehr vor mir sind," sagt JHWH, „soll auch der Same Israels vor mir keine Nation mehr sein für immer."
„Wenn die Himmel oben ausgemessen werden können und die Festungen der Erde unten erforscht, so werde ich auch den ganzen Samen Israels verwerfen für alles, was sie getan haben." (Jer 31,35-37).

כֹּה אָמַר יְהוָה, נֹתֵן שֶׁמֶשׁ לְאוֹר יוֹמָם, חֻקֹּת יָרֵחַ וְכוֹכָבִים לְאוֹר לָיְלָה

אִם־יָמֻשׁוּ הַחֻקִּים הָאֵלֶּה מִלְּפָנַי נְאֻם־יְהוָה גַּם זֶרַע יִשְׂרָאֵל יִשְׁבְּתוּ, מִהְיוֹת גּוֹי לְפָנַי כָּל־הַיָּמִים׃

אִם־יִמַּדּוּ שָׁמַיִם מִלְמַעְלָה, וְיֵחָקְרוּ מוֹסְדֵי־אֶרֶץ לְמָטָּה גַּם־אֲנִי אֶמְאַס בְּכָל־זֶרַע יִשְׂרָאֵל עַל־כָּל־אֲשֶׁר עָשׂוּ

Wir sehen hier einen dreiseitigen Bund. Der Neue Bund verbindet die Vergebung der Sünden mit der Erhaltung der Nation Israels. Diese wiederum ist verbunden mit der Bewahrung der natürlichen Schöpfung. Die Schöpfung der Welt geschah durch einen Bund. Die Erwählung Israels als Nation geschah durch einen Bund. Und die ewige Rechtfertigung aller Gläubigen geschah durch einen Bund. Diese drei sind durch den Bund miteinander vereint.

Das Wesen des Bundes verlangt die Wahrheit aller drei Teile. Entweder sind alle wahr oder keiner. Dies ist die geheime geistliche Wurzel, warum sowohl die Nazis wie auch der heutige islamische Dschihad es sich zum Ziel gemacht haben, das jüdische Volk auszurotten. Wäre es ihnen gelungen, unser Volk zu vernichten, so stünden auch der Neue Bund und die Schöpfung in Gefahr.

Eines Tages bat mich mein Freund Lou Engle, ihm zu erklären, warum Israel für den Plan Gottes wichtig ist. Ich fragte ihn: „Hat deine Haltung zu Abtreibung und Homosexualität für dich etwas mit dem Bund Gottes zu tun?" „Sicher", antwortete er. „Nun, die Israelfrage hat ebenfalls mit dem Bund Gottes zu tun", entgegnete ich. Es geht nicht um Israel an sich, sondern vielmehr um die Treue Gottes gegenüber Israel. Worum es wirklich geht, ist die Treue Gottes zu Seinen Bündnissen, nicht die Überlegenheit einer Rasse.

Die Rettung jedes Christen hängt von der Bundestreue Gottes ab. Mit dem Volk Israel hat Gott einen ersten Bund. Genauso wie es Israels Bestimmung und Identität ohne den Glauben an Jeschua an Glaubwürdigkeit mangelt, so mangelt es dem Glauben eines Christen an Jeschua an Glaubwürdigkeit, wenn er nicht Gottes Bundestreue zum jüdischen Volk anerkennt.

Ich behaupte damit nicht, die persönliche Rettung sei von einer Verpflichtung dem jüdischen Volk gegenüber abhängig. Aber die christliche Rettung beruht auf einem Bund mit demselben El Shaddai Gott, der viele Jahre vorher einen Bund mit Abraham, Isaak und Jakob geschlossen hat. Wenn Gott dem einen treu ist, so wird Er auch dem anderen treu sein.

Wenn ein Christ hört, dass seine Rettung auf einem Bund beruht, der eine Verpflichtung gegenüber Israel voraussetzt, ist es für ihn genauso schockierend, wie für einen Juden, der hört, dass die Erhaltung unserer Nation auf einem Bund beruht, der von Jeschua mit unserem Volk geschlossen wurde. Der Bund ist in beiden Richtungen gültig.

Wusstest du, dass Jeschua (JHWH in Seiner menschlichen Gestalt) eines Tages Mose umzubringen versuchte? Das klingt sehr absurd, aber hier ist der Textabschnitt:

> *Und es geschah unterwegs in der Herberge, dass JHWH ihm begegnete und seinen Tod forderte. Da nahm Zippora einen Stein und beschnitt die Vorhaut ihres Sohnes und berührte Moses Füße und sagte: „Du bist mir jetzt ein Blutbräutigam.“ Und Er ließ ihn frei* (2 Mo 4,24-26).

וַיְהִי בַדֶּרֶךְ בַּמָּלוֹן וַיִּפְגְּשֵׁהוּ יְהוָה, וַיְבַקֵּשׁ הֲמִיתוֹ:

וַתִּקַּח צִפֹּרָה צֹר, וַתִּכְרֹת אֶת־עָרְלַת בְּנָהּ, וַתַּגַּע לְרַגְלָיו וַתֹּאמֶר כִּי חֲתַן־דָּמִים אַתָּה לִי:

וַיִּרֶף מִמֶּנּוּ

Mose war der große Erlöser des Volkes Israel. Er empfing persönliche Prophetien, geistliche Autorität und einen klaren Auftrag von Gott. Es gab da nur ein Problem: Mose vergaß, dass sein großer geistlicher Auftrag von Gottes Treue zu seinem Bund mit Abraham, Isaak und Jakob abhängig war (**2 Mo 2,24**). Seinen Sohn zu beschneiden, war das Zeichen dieses Bundes. Ohne diesen Bund war Mose ein „toter Mann“. Selbst mit herausragender Geistlichkeit sind wir abhängig von der Bundestreue Gottes. Jeschua wurde beschnitten, um Gottes Treue zu Seinen Bündnissen zu beweisen.

[Bedeutet das, dass sich ein Christ beschneiden lassen muss? Nein (**Gal. 6,15**). Aber ein Christ soll an seinem Herzen beschnitten sein (**Röm 2,29**).]

Jeschua erhielt Seinen Namen bei Seiner Beschneidung. Er wurde beschnitten, um die Bundestreue Gottes zum Volk Israel zu erfüllen. Jeschua musste dem Bund mit Abraham treu sein, denn Er war derjenige, der die Möglichkeit dieses Bundes überhaupt eröffnet hatte. Jeschua wurde beschnitten als Bundessohn Abrahams. Jeschua wurde somit Teilhaber am abrahamischen Bund. Durch die Beschneidung schloss er einen Bund mit dem jüdischen Volk. Jeschua stand und steht immer noch treu zu diesem Bund.

Jeschua schloss die Bündnisse mit Abraham, Isaak und Jakob. Derselbe Jeschua machte den neuen Heilsbund für alle, die glauben würden. Die Verheißungen des abrahamischen Bundes bilden einen Teil der Grundlage für den Neuen Bund. Die Verheißungen des Neuen Bundes für Christen sind ganzumfänglich mit Jeschuas Treue zum jüdischen Volk des Alten Bundes verbunden.

Fassen wir zusammen: Jeschua wurde beschnitten, um Gottes Treue zu Seinen eigenen Bündnissen zu beweisen. Sowohl Juden wie auch Christen können sich an dieser Tatsache freuen. Die Bundestreue ist eine Grundlage des biblischen Glaubens. Da Jeschua den ersten Bund mit Abraham schloss, wird das jüdische Volk die vollständige Bedeutung seiner Identität und Bestimmung erst erkennen, wenn es zum Glauben an Jeschua findet. Da Jeschua dem abrahamischen Bund treu war, sollten auch Christen ihre Bundestreue gegenüber dem jüdischen Volk unter Beweis stellen.

Teil 2

Der Exodus

In diesem Teil untersuchen wir, wie Gott Mose und dem Volk Israel während der Zeit des Exodus erschien.

In dieser Zeitspanne geschehen die Erscheinungen vornehmlich in der Gestalt eines Engels – des Engels JHWHs. Wir werden den Zusammenhang zwischen diesem Engel und dem Messias des Neuen Bundes untersuchen.

Wir werden uns auch damit beschäftigen, inwiefern sich diese Erscheinungen auf unser Verständnis der Zehn Gebote und überhaupt des moralischen Gesetzes auswirken.

KAPITEL 4

Der Engel JHWHs

Wir kommen nun zur Zeit des Exodus aus Ägypten. Mose hatte mehrere Begegnungen mit dem Gott-Menschen-Engel, der auch den Patriarchen erschienen war. Das erste Mal sah Mose Ihn in einem brennenden Busch.

Mose war als Prinz in Ägypten aufgewachsen und hatte seine ethnische Identität und Herkunft ziemlich verborgen gehalten. Im Alter von vierzig Jahren floh er nach einem misslungenen Versuch, der Retter seines Volkes zu sein, nach Midian. Mit achtzig Jahren erlebte er die Begegnung beim brennenden Busch, wo Gott ihm den Auftrag gab, nach Ägypten zurückzukehren und Sein Volk aus der Sklaverei zu befreien.

> *Und der Engel JHWHs erschien ihm in einer Feuerflamme aus der Mitte des Busches* (2 Mo 3,2).

וַיֵּרָא מַלְאַךְ יְהוָה אֵלָיו בְּלַבַּת־אֵשׁ מִתּוֹךְ הַסְּנֶה

Mose erlebt hier nicht eine Begegnung mit einem brennenden Busch, sondern mit dem Engel JHWHs, der ihm in der Flamme des Busches erschien. Dem hebräischen Leser fällt auf, dass die Wendung für „erschien ihm“ genau die gleiche ist, wie bei allen Erscheinungen mit Abraham.

Das Auftreten dieses Engels in Form von Feuer oder Herrlichkeit ist eine neue Offenbarung an diesem Punkt der Bundesgeschichte. Das finden wir vorher bei keinem der Patriarchen im Lande Kanaan.

Im Vers 2 wird der göttliche Bote als Engel JHWHs bezeichnet, aber kurz darauf wird derselbe Bote einfach JHWH bzw. Gott (Elohim) genannt.

Und als JHWH sah, dass er sich drehte, um hinzusehen, rief Gott ihm aus der Mitte des Busches zu und sagte: „Mose, Mose!“ Und er sagte: „Hier bin ich!“ (2 Mo 3,4).

וַיַּרְא יְהוָה כִּי סָר לִרְאוֹת וַיִּקְרָא אֵלָיו אֱלֹהִים מִתּוֹךְ הַסְּנֶה, וַיֹּאמֶר מֹשֶׁה מֹשֶׁה וַיֹּאמֶר הִנֵּנִי׃

Beachte in beiden Versen die Wendung „aus der Mitte des Busches“. Wie können wir dies verstehen? Waren zwei Personen in der Mitte des Buschs? Wohl kaum. Haben der Engel und Gott zwischen den Versen 2 und 4 den Platz getauscht? Wohl kaum. Stand der Engel einfach da ohne zu sprechen und dann kam die Stimme Gottes direkt aus dem Busch heraus? Wohl kaum.

Offensichtlich spricht hier der Engel. Eine vorstellbare Erklärung wäre, dass der Engel ANSTELLE Gottes sprach. Das ist schon näher bei der Wahrheit, doch was den Text betrifft, noch nicht genau genug. Hier steht, Elohim habe aus der Mitte des Buschs gesprochen. Gott sprach. Die einzige unvoreingenommene Auslegung dieser Verse besteht in der Annahme, dass diese eine Person, die hier mit Mose sprach, in Vers 2 als Engel JHWHs und in Vers 4 als Gott (Elohim) bezeichnet wird.[1]

Nun haben wir noch immer zwei Möglichkeiten. Entweder ist der Engel JHWHs kein göttliches Wesen, aber es ist Ihm erlaubt, wegen Seines Auftrags Gott genannt zu werden, oder dieses Wesen ist eine einzigartige Persönlichkeit, d. h. sie ist gleichzeitig Bote Gottes und zugleich göttlich – göttlich genug, um sowohl als Elohim als auch als JHWH bezeichnet zu werden.

Die erste Möglichkeit ist teilweise richtig und liefert genügend Beweise, um einigermaßen annehmbar zu sein. Sie erklärt aber nicht, weshalb die drei Bezeichnungen Engel, Elohim und

[1] Die Rabbiner haben sich mit diesem Paradox im Passah Seder auseinandergesetzt, im Abschnitt, der mit „Ich Selbst und nicht ein Engel“ bezeichnet wird.

JHWH austauschbar sind, um jenes Wesen zu bezeichnen. Auch gibt sie keinen Hinweis darauf, wie die Fülle an Autorität, mit welcher dieser Bote in der Ich-Form spricht und befiehlt, zu erklären ist.

Wir dürfen nicht vergessen, welch enorme Aussagen diese Begegnung am brennenden Busch über das Wesen Gottes enthält, wie zum Beispiel **„Ich bin, der ich bin"** (**Vers 14**) oder **„Sage ihnen, JHWH, der Gott eurer Vorväter, ist mir erschienen"** (**Vers 16**). Anders ausgedrückt, spricht dieser Engel nicht nur als Bote an der Stelle Gottes. Er agiert, reagiert und interagiert als Gott selbst.

Die Gestalt, die Abraham in **1. Mose 18** erschienen ist, war für uns eine Herausforderung. Das göttliche Wesen war in seinem Auftreten so leibhaft und menschlich und war doch absolut Gott-Elohim-JHWH in allem, was er sagte und tat. Auch in diesem Abschnitt sehen wir diese scheinbar unmögliche Kombination eines Wesens, das offensichtlich ein Engel-Bote Gottes, aber gleichzeitig auch voll und ganz Gott-Elohim-JHWH ist. In **1. Mose 18** sahen wir eine Kombination von Gott und Mensch. Hier, in **2. Mose 3**, sehen wir eine Kombination von Gott und Engel.

Betrachten wir eine weitere Erscheinung dieses mit JHWH bezeichneten Engels, den Moses sah, nämlich bei der Überquerung des Roten Meeres. Anstelle eines brennenden Buschs sehen wir hier eine Feuer- und Rauchsäule. Wiederum erscheint hier der Engel-JHWH in Feuer und Herrlichkeit, was die Patriarchen in Kanaan nie erlebt hatten.

Und JHWH ging des Tages in einer Wolkensäule vor ihnen her … (2 Mo 13,21).

וַיהוָה הֹלֵךְ לִפְנֵיהֶם יוֹמָם בְּעַמּוּד עָנָן

Und der Engel Gottes, der vor dem Lager Israel herging, bewegte sich und ging hinter sie. Und auch die Wolkensäule ging von vorne weg und stand hinter ihnen (2 Mo 14,19).

וַיִּסַּע מַלְאַךְ הָאֱלֹהִים, הַהֹלֵךְ לִפְנֵי מַחֲנֵה יִשְׂרָאֵל, וַיֵּלֶךְ מֵאַחֲרֵיהֶם וַיִּסַּע עַמּוּד הֶעָנָן מִפְּנֵיהֶם, וַיַּעֲמֹד מֵאַחֲרֵיהֶם:

Und JHWH schaute hinaus auf das Lager Ägyptens aus der Feuer- und Wolkensäule (2 Mo 14,24).

וַיַּשְׁקֵף יְהוָה אֶל־מַחֲנֵה מִצְרַיִם, בְּעַמּוּד אֵשׁ וְעָנָן

In der gleichen Erzählung beschreiben diese drei Verse eine Gestalt, welche ihre Position hin und her bewegt, um Israel zu beschützen und zu leiten. Diese Gestalt reist innerhalb der Feuer- und Wolkensäule mit.

- In Kapitel 13,21 wird sie JHWH genannt.
- In Kapitel 14,19 wird sie Engel Gottes genannt.
- In Kapitel 14,24 wird sie JHWH genannt.

Man könnte diese Beschreibung auf verschiedene Arten auslegen und irgendwie zwischen Wolke, Feuer, Engel, JHWH, Gott und Engel Gottes hin und her jonglieren – alles im Versuch, die offensichtliche, dem Textzusammenhang entsprechende Bedeutung zu umgehen: Es war ein besonderes Wesen, welches das Volk Israel aus Ägypten führte. Dieses Wesen handelte in einer Säule aus Feuer und Wolke. Es war gleichzeitig Engel und Gott.

Der Grund, weshalb er in 1. Mose „Mensch" genannt wird und in 2. Mose „Engel", ist sein Auftreten in 1. Mose als klar erkennbare menschliche Gestalt. In 2. Mose wird er nicht erkennbar gesehen, sondern bleibt von der Wolke verborgen. Den Patriarchen erschien er direkt als Person ohne Feuer und Herrlichkeit, während er in der Beschreibung des Exodus sich mit Feuer und Herrlichkeit umgab.

In der Schrift lässt sich allgemein feststellen, dass diese Gestalt innerhalb des Landes Israel normalerweise als Mensch ohne Herrlichkeit auftritt, während sie in den Nationen außerhalb Israels als Engel in verherrlichter Gestalt erscheint. Auf diesen Unterschied kommen wir in Teil 5 zurück.

Was hier hervorgehoben werden muss, ist, dass die Gestalt in der Beschreibung des Auszugs aus Ägypten nicht als Mensch bezeichnet werden kann, weil das Volk sie nicht in menschenähnlicher Gestalt sah. Das Volk konnte sie nicht sehen – nicht, weil sie unsichtbar gewesen wäre, sondern weil sie mit Macht und Kraft erfüllt war, um die bevorstehenden Wunder vollbringen zu können. Dieses Ausmaß an Macht hätte den Menschen geschadet, wenn sie sie direkt hätten ansehen können.[2]

Sowohl im biblischen als auch im modernen Hebräisch gibt es eine grammatische Form, welche sich „S'michut“ nennt – סמיכות. Das Wort S'michut bedeutet, zwei Dinge so nahe zusammenzubringen, dass sie einander berühren. Diese grammatische Form besteht aus zwei Wörtern, die zusammengefügt wurden, ganz wie im Deutschen die zusammengefügten Hauptwörter. Ein S'michut fügt zwei Hauptwörter zusammen, sodass sie sich gegenseitig definieren und zu einer Einheit werden.

Im Deutschen findet man zum Beispiel zusammengefügte Hauptwörter wie „Ballspiel“, „Türgriff“, „Klavierstuhl“ usw. Das erste Hauptwort beschreibt dabei das zweite genauer. Ein Ballspiel ist also nicht ein Ball, sondern ein Spiel, das mit Hilfe eines Balles gespielt wird. Nennen wir sie „gepaarte Hauptwörter“.

Die gepaarten Hauptwörter, S'michut im Hebräischen, verhalten sich ähnlich und doch anders. Zwar vereinen sich die zwei

[2] Anmerkung zum hebräischen Originaltext: Die meisten Bibelübersetzungen sind ausgezeichnet. Die zusätzlichen Erkenntnisse, die man aus der Originalsprache erhält, sind meist kleine Einzelheiten, die uns eine bessere Perspektive geben, jedoch das Gesamtverständnis des Textes nicht verändern. In Israel benutzen wir den original-hebräischen Text des Tanach und eine rekonstruierte hebräische Fassung des Neuen Testaments. Dies tun wir, weil unsere Lehrtätigkeit auf gebürtige Israeli ausgerichtet ist.
Der biblische Text ist nicht immer einfach zu verstehen. Übersetzer haben einen fantastischen Dienst geleistet, um den Text lesbar zu machen. Selbst jemand, dessen Kenntnisse des biblischen Hebräisch sehr gut sind, muss von Zeit zu Zeit eine Übersetzung herbeiziehen, um einen bestimmten Satz oder Ausdruck zu verstehen.
An dieser Stelle möchte ich eine Eigenheit der hebräischen Sprache erklären und eine Eigenschaft analysieren, welche in diesem Zusammenhang sehr wichtig ist. Bitte blättere nicht weiter, auch wenn es hier um sprachliche Feinheiten geht.

Hauptwörter mit ihrer Bedeutung zu einer neuen Kombination mit einer neuen Bedeutung, genauso wie im Deutschen, doch im Gegensatz zum Deutschen beschreibt das zweite Hauptwort das erste. Die beiden werden gewissermaßen zu einem neuen Wort.

Die Verschmelzung wird durch eine Verkürzung der Vokale im ersten Hauptwort verstärkt, und das neue Wort wird somit als eine rhythmische Einheit ausgesprochen. Das wäre so, als ob man sagen würde „B'llspiel", „T'rgriff", oder „P'nostuhl".

Die gepaarten Hauptwörter können entweder als unbestimmter Begriff („*ein* Ballspiel"), oder als Begriff im bestimmten Sinn („*das* Ballspiel") verwendet werden. Im Hebräischen wird das S'michut zu einem bestimmten Hauptwort, im Gegensatz zu einem unbestimmten, indem man die Silbe „ha" (der bestimmte Artikel) vor dem zweiten Hauptwort einfügt, oder indem man das zweite Hauptwort als Eigennamen verwendet. Das wäre, als würden wir sagen Ball-das-Spiel oder „Spiel-Wimbledon".

Warum ist diese technische Einzelheit so wichtig? Weil für den Ausdruck „der Engel des Herrn" immer die S'michut-Form benutzt wird. Im Hebräischen heißt es also nicht „der Engel des Herrn", oder „der Engel JHWHs", sondern „der Engel-JHWH" – מלאך יהוה. Die zwei Wörter sind gekoppelte Hauptwörter. Im Originaltext gibt es weder die Genitivform „des" noch den bestimmten Artikel „der". Außerdem ist in der Zusammenfügung von Engel-JHWH das zweite Hauptwort ein Eigenname, JHWH.[3]

Aus diesem Konstrukt können wir zwei Schlussfolgerungen ziehen:

1. Engel und JHWH werden zu einer Einheit.
2. Engel-JHWH ist ein Eigenname, nicht eine allgemeine Bezeichnung.

Betrachten wir diese beiden Regeln noch genauer:

---

[3] Eine ähnliche Auslegung der S'michut-Form des Namens „Engel-JHWH" veröffentlichte Alexander McCaul schon im Jahre 1881 in seinem Buch „Engel des Bundes" (2. Auflage bei Keren Ahava, Jerusalem, 2004).

1. Es ist unmöglich, die Bedeutung des Wortes Engel von derjenigen von JHWH zu trennen oder umgekehrt. Sie sind ein und dasselbe. Der Engel ist JHWH, JHWH ist der Engel.
2. In diese Kategorie lässt sich kein anderer Engel, der von JHWH gesandt ist, einordnen. Der Name Engel-JHWH ist der Eigenname eines bestimmten Engels, der JHWH heißt.

Das Wort Engel verschmilzt mit dem Eigennamen JHWH. Eine bessere Übersetzung wäre also wie oben erwähnt „Engel-JHWH", „JHWH-Engel", oder „Jahwe Engel". Jede dieser Übersetzungen ist möglich. Für die weiteren Studien in diesem Buch werden wir von nun an die Bezeichnung „Engel-JHWH" verwenden.[4]

Um all dies noch etwas mehr zu vereinfachen: Die Benutzung der gekoppelten grammatischen Form „Engel des Herrn" macht diese Bezeichnung sowohl zu einem Eigennamen (1) als auch zu einer Verschmelzung (2).

1. **Eigenname:** Man könnte die Ansicht vertreten, Engel-JHWH sei einfach ein beliebiger, von Gott gesandter Engel, doch deutet die grammatische Form auf die Bezeichnung eines Eigennamens hin. Es handelt sich hier um DEN Engel-JHWH, nicht IRGENDEINEN Engel von JHWH. Ich kenne kein einziges Beispiel in der ganzen hebräischen Schrift, wo der Ausdruck Engel-JHWH in seiner „S´michut" Form benutzt wird und man aus dem Kontext verstehen müsste, dass es sich um einen gewöhnlichen Engel oder um einen aus einer Gruppe von Engeln handeln würde.
2. **Verschmelzung:** Die zwei Namen Engel und JHWH verändern sich gegenseitig. Wir verstehen, dass es nicht um einen „Ball" und ein „Spiel" geht, sondern um ein „Ballspiel", ein ballartiges Spiel. Ebenso ist es bei diesem Engel. Es handelt sich nicht um irgendeinen Engel, sondern um einen JHWH-artigen Engel. Die beiden Wörter können nicht voneinander

[4] Zur Wiederholung: Eine ausführlichere Betrachtung der Verwendung der Namen JHWH oder Jehova, findet sich in Anhang 3.

getrennt werden. Der Engel wird durch den Namen JHWH definiert. Engel und JHWH sind gekoppelte Namenpaare.

Die grammatische Struktur des S´michut passt perfekt auf die Beschreibung dieser Gestalt in der Bibel, welche unseren Propheten und Patriarchen erschien. Ja, diese Form ist so außergewöhnlich, derart angemessen und so perfekt zugeschnitten, dass ich fast nicht um die Vermutung herumkomme, dass diese grammatische Form von Gott souverän vorherbestimmt und geplant wurde, nur um diese eine Person in der hebräischen Bibel zu bezeichnen.

Es ist eine einzigartige grammatische Form, um ein einzigartiges Wesen zu definieren. Es gibt niemanden wie Ihn. Ein spezielles grammatikalisches Konstrukt war notwendig, um Ihn zu benennen. Kein Mensch passt in diese Kategorie. Kein Engel passt in diese Gruppierung. Selbst Gott, unser himmlischer Vater, lässt sich hier nicht einordnen.

Der Heilsplan und die Bestimmung der menschlichen Rasse verlangten, dass der Messias eine Vereinigung von Gott und Mensch sei. Das S´michut hat eine duale Form, weil der Engel-JHWH eine duale Natur besitzt. Die duale Form passt perfekt zur dualen Natur.

Das S'michut ist eine grammatische Struktur des Hebräischen. Was wir hier also beschreiben, lässt sich nicht auf die neutestamentlichen Texte anwenden. Diese wurden auf Griechisch geschrieben. Da der Ausdruck „Engel-JHWH“ ein spezifisch hebräischer Begriff ist, kann er im griechischen Text nicht gefunden werden.

Außerdem gab es nur einen Engel-JHWH, welcher Jeschua war. Als Er als Mensch auf der Erde geboren wurde, konnte niemand je wieder diese Rolle übernehmen. Die Kategorie Engel-JHWH passt auf keine einzige Erscheinung im Neuen Bund. Theologisch gesehen existiert diese Kategorie dort nicht mehr. Alle Engel, die im Neuen Bund erscheinen, sind Engel von Gott. Sie sind nicht göttlicher Natur, sondern befinden sich lediglich auf göttlicher Mission.

Der Engel-JHWH wurde ein für alle Mal in einem menschlichen Körper geboren. Er kann nie mehr zu Seiner vorgeburtlichen Erscheinungsweise zurückkehren. Er, der im alten Israel ein namenloser und geheimnisvoller Engel-JHWH war, ist nun Jeschua, der Messias, Sohn Gottes und Sohn Davids (**Röm 1,3-4**) geworden. Durch den Glauben ist er für alle frei erkennbar.

Kapitel 5

Wer schrieb die Zehn Gebote?

Es war der Engel-JHWH, der Mose im brennenden Busch erschien. Es war der Engel-JHWH, welcher das Rote Meer teilte und das Volk Israel aus Ägypten führte. Und der Engel-JHWH war auch derjenige, der Mose auf dem Berg Sinai begegnete.

Wir haben zu Beginn die Frage gestellt, ob ein Mensch Gott sehen könne? Es gibt viele biblische Warnungen, man dürfe Gott in Seiner verherrlichten Form nicht sehen. Doch im Folgenden haben wir wiederum ein biblisches Beispiel dafür, dass Menschen den Gott Israels wirklich gesehen haben. In diesem Fall waren es vierundsiebzig (74!) Älteste Israels, welche auf den Berg Sinai stiegen und Gott sahen.

> *Und Mose, Aaron, Nadab und Avihu und siebzig Älteste Israels stiegen hinauf. Und sie sahen den Gott Israels und unter Seinen Füssen war wie eine Fläche, gearbeitet von Saphir, und sie war wie der Himmel in ihrer Klarheit. Aber an die Edlen des Volkes Israel legte Er nicht Hand. So sahen sie Gott, und sie aßen und tranken* (2 Mo 24,9-11).

> וַיַּעַל מֹשֶׁה וְאַהֲרֹן נָדָב וַאֲבִיהוּא, וְשִׁבְעִים מִזִּקְנֵי יִשְׂרָאֵל׃ וַיִּרְאוּ אֵת אֱלֹהֵי
> יִשְׂרָאֵל וְתַחַת רַגְלָיו, כְּמַעֲשֵׂה לִבְנַת הַסַּפִּיר, וּכְעֶצֶם הַשָּׁמַיִם לָטֹהַר׃
> וְאֶל־אֲצִילֵי בְּנֵי יִשְׂרָאֵל, לֹא שָׁלַח יָדוֹ וַיֶּחֱזוּ אֶת־הָאֱלֹהִים, וַיֹּאכְלוּ וַיִּשְׁתּוּ׃

Dies ist ein nie zuvor dagewesenes Ereignis. Die Ältesten sehen Gott in leiblicher, menschlicher Gestalt, doch auch in herrlicher Macht. Eine solche Nähe zu göttlicher Macht war gefährlich. Es wird aus dem Text klar, wie bewusst sie sich dieser Gefahr waren, da der Text festhält, Gott habe „Seine Hand nicht an sie gelegt".

Wiederum sehen wir hier eine Erscheinung des Engel-JHWHs in menschlicher Form. Seine Füße und Beine werden erwähnt (auf Hebräisch sind Füße und Beine ein Wort). Die Beschreibung erwähnt zweimal unmissverständlich, sie hätten Gott gesehen. Die Erwähnung seiner Beine, aber nicht seines Gesichts deutet an, dass sie sein Gesicht nicht gesehen haben. Aus dem Kontext ist anzunehmen, dass die Wolkensäule, welche sonst Seine ganze Gestalt verbarg, in diesem Fall nur Seinen Oberkörper und Sein Gesicht verdeckte.

Wenn der Engel-JHWH nicht in verherrlichter Gestalt erscheint, ist sein Gesicht sichtbar. Wenn er aber Seine Herrlichkeit „erstrahlen" lässt, so ist es sein Gesicht, welches am gefährlichsten ist. Die Kraft seiner Herrlichkeit erstrahlt aus seinem Gesicht und seinen Augen. Doch Gottes verherrlichtes Gesicht kann kein Mensch sehen (**2 Mo 33,20**). Von Gottes Gesicht kommen das Leuchten und die Ausstrahlung des Priestersegens (**4 Mo 6,25**). Nach vierzig Tagen in Seiner Gegenwart begann auch das Gesicht des Moses zu leuchten (**2 Mo 34,29**).

Eine ähnliche Feststellung wird im Neuen Bund gemacht, wenn in Offenbarung 1,16 geschrieben steht, Jeschuas Gesicht werde leuchten wie die Sonne und seine Augen werden wie Feuerflammen sein (**Offb 1,14; 2,18; 19,12**).[1]

Auf dem Berg Sinai wies der Engel-JHWH die vierundsiebzig Ältesten an, zu essen und zu trinken. Ich kann mir vorstellen, dass es ihnen nicht all zu sehr nach Essen und Trinken zu Mute war. Er wies sie aber aus zwei Gründen an, zu essen und zu trinken. Erstens handelte es sich wie bei Abraham um ein Bundesmahl aus Freundschaft. Inmitten des ganzen Feuerwerks auf dem Sinai wollte der Engel-JHWH sie an Sein Endziel erinnern, das nicht darin bestand, ihnen Angst zu machen, sondern sie in eine intime Freundschaft mit sich selbst zu führen. Er machte

[1] Mehr dazu in Teil 5.

mit ihnen einen Bund und erlegte ihnen nicht nur Gebote auf. Ihn verlangte nach Loyalität, nicht nur nach Gesetzesgehorsam.

Zweitens wollte Er ihnen versichern, ihre Erfahrung sei real. Gerade wie mit Jakob bei Peniel, sollten sie nicht denken, es handle sich um eine vermeintliche Vision oder um eine Gruppenhalluzination. Gott war dort. Er war wirklich dort. Sie sahen Ihn, sie waren leibhaftig in seiner Gegenwart und sie kamen ungeschoren davon.

Diese Beschreibung aus 2. Mose 24 ist mit dem Besuch Abrahams in 1. Mose 18 vergleichbar. Sie bestätigt die Tatsache, dass der Gott Israels eine Gestalt hat, die dem Aussehen eines Menschen ähnlich ist. Der Gott von 2. Mose 24 ist der Gleiche wie in 1. Mose 18.

Der Gott Israels, der Abraham als freundliche, nicht verherrlichte Gestalt besuchte, erschien Mose in furchteinflößender, Berge erschütternder Form. Er ist ein und derselbe, ob er sich uns in seiner intimen, menschenähnlichen Gemeinschaft offenbart oder in Demonstrationen Seiner herrlichen Majestät. Diese Person ist der Gott Israels. Er ist der Gott, den unsere Patriarchen und Propheten gekannt und an den sie geglaubt haben. Sie verstanden, dass er in menschlicher Form erscheinen konnte. Er konnte mit oder ohne Feuerkraft auftauchen. Er war es, welcher auf dem Berg Sinai war. Er war es, der den Bund mit unseren Vorvätern schloss und unser Volk aus Ägypten führte. Wenn Er auf dem Berg Sinai gegenwärtig war, dann muss er auch derjenige gewesen sein, der die Zehn Gebote geschrieben hat – heißt es doch, sie seien **„geschrieben mit dem Finger Gottes“ (2 Mo 31,18; 5 Mo 9,10)**.

Mose war sich bewusst, dass der Gott-Mensch dem Abraham, Isaak und Jakob erschienen war. Er war schließlich derjenige, welcher ihre Erlebnisse im ersten Buch Mose niederschrieb. Mose muss geahnt haben, dass derjenige, der sie aus Ägypten führte, derselbe war, der schon den Patriarchen erschienen war. Doch bis zu diesem Moment in Kapitel 24 hatte er ihn noch nicht gesehen.

Mose verbrachte vierzig Tage und Nächte auf dem Berg Sinai. Der Engel-JHWH schrieb die Zehn Gebote und erklärte ihm alle anderen Gesetze. Dennoch hatte Mose die Intimität und Herrlichkeit mit seinem Schöpfer, nach welchen er sich so sehnte, immer noch nicht erlebt. Mose steigt mit der Thora vom Berg hinunter, nur um feststellen zu müssen, dass das Volk in Sinnenlust und Götzendienst außer Rand und Band geraten ist. Er ist schockiert und derart frustriert, dass er die zwei Gebotstafeln, die der Engel-JHWH gerade geschrieben hat, zerschmettert (**2 Mo 32,19**)!

Beinahe bricht unter dem Volk ein Bürgerkrieg aus. Die Leviten bringen 3000 Sünder um (**2 Mo 32,28**). Nachdem die Ordnung wiederhergestellt ist, steigt Mose für eine zweite (!) vierzigtägige Fastenzeit auf den Berg hinauf. Seine Stimmung könnte zu diesem Zeitpunkt etwa so zusammengefasst werden: „Schau mal her, Gott, ich habe genug von Führung und genug von Gesetzen. Selbst alle Deine Wunder zu sehen, genügt mir nicht. Ich will Dich. Ich will Dein Angesicht schauen. Ich will Dich kennen. Ich will Deine Intimität und Deine Herrlichkeit. Wenn du mir das nicht gibst, kannst Du Dir jemand anderen suchen."

Mose verbrachte mehr Zeit mit dem Engel-JHWH als jeder andere Mensch. Während Stunden sprachen die Beiden miteinander. Er gab ihm nicht nur alle Gesetze, sondern erklärte ihm auch noch einige der Einzelheiten zur Schöpfungsgeschichte, welche Mose später im ersten Buch Mose niederschrieb. Doch bis zu diesem Zeitpunkt war der Engel-JHWH in allen Gesprächen von einer Wolke bedeckt. Die Bibel sagt uns, Mose habe mit Gott von Angesicht zu Angesicht gesprochen, was nicht heißt, er habe Gottes Antlitz direkt sehen können. Sonst würde er hier nicht noch immer danach verlangt haben, Sein Angesicht zu sehen.

Bis zu diesem Moment war der Engel-JHWH in allen Begegnungen, zum Beispiel beim brennenden Busch oder beim Roten Meer, entweder von Feuer oder von Wolken bedeckt gewesen. Nun will Mose mehr. Er will Sein Antlitz **und** Sein Feuer sehen.

Und JHWH sprach mit Mose von Angesicht zu Angesicht, so wie ein Mann mit seinem Freund spricht … (2 Mo 33,11).

וְדִבֶּר יְהוָה אֶל־מֹשֶׁה פָּנִים אֶל־פָּנִים, כַּאֲשֶׁר יְדַבֵּר אִישׁ אֶל־רֵעֵהוּ

[Viele begehen hier den Fehler, indem sie meinen, der Satz „von Angesicht zu Angesicht“ bedeute, Mose habe Sein Angesicht bereits gesehen. Was hier aber beschrieben wird, ist verbale Kommunikation. Sie „sprachen“ von Angesicht zu Angesicht. Dieser Ausdruck bedeutet kein eigentliches Sehen. Dies kann man anhand des Verses in 5. Mose 5,4 belegen, wo der Ausdruck „er sprach von Angesicht zu Angesicht“ am Sinai sich auf das ganze Volk bezieht, von welchem keiner je wirklich das Angesicht Gottes gesehen hatte. Auch dort bezieht sich der Ausdruck darauf, dass sie seine Stimme direkt gehört, aber nicht Sein Angesicht gesehen hatten. Bis zu diesem Zeitpunkt hatte Mose direkt und offen mit Gott in der Wolke gesprochen, hatte jedoch Sein Angesicht noch nicht gesehen.]

Es ist möglich, dass ein Mensch Gottes Angesicht sehen kann, wenn Gott den Glanz seiner Herrlichkeit ablegt. Oder ein Mensch könnte Gottes herrliche Kraft sehen, wenn eine Wolke Sein Angesicht bedeckt. Mose ist mit keiner der beiden bedingten Optionen zufrieden und verlangt, Gottes Angesicht unverhüllt UND Seine Herrlichkeit in ihrer ganzen Kraft zu sehen. „Nimm die Wolke weg. Zeige Dich in Deiner Kraft. Lass mich Dein Angesicht sehen.“ Mose war recht kühn in dem, was er verlangte.

Wenn ich denn Gunst in Deinen Augen gefunden habe, zeige mir Deine Wege, und ich werde dich erkennen … (2 Mo 33,13).

אִם־נָא מָצָאתִי חֵן בְּעֵינֶיךָ, הוֹדִעֵנִי נָא אֶת־דְּרָכֶךָ, וְאֵדָעֲךָ

In geistlicher Sprache verlangt Mose hier, Gottes verherrlichtes Angesicht zu sehen. Dies geht aus dem nächsten Vers hervor, in dem ihm der Engel-JHWH zur Antwort gibt:

… Mein Angesicht wird mit dir gehen, und ich werde dir Ruhe geben (2 Mo 33,14).

וַיֹּאמַר פָּנַי יֵלֵכוּ וַהֲנִחֹתִי לָךְ׃

Doch Mose weigert sich, diese unverbindliche Antwort anzunehmen. So unterstreicht er sein Verlangen.

> *Wenn Dein Angesicht nicht mit uns geht, so bringe uns nicht hinauf von hier … Zeige mir Deine Herrlichkeit* (2 Mo 33,15.18).

אִם־אֵין פָּנֶיךָ הֹלְכִים, אַל־תַּעֲלֵנוּ מִזֶּה: … הַרְאֵנִי נָא אֶת־כְּבֹדֶךָ:

[Leider wird in den meisten Übersetzungen das Wort „Angesicht" in diesem Vers fälschlicherweise mit „Gegenwart" wiedergegeben und verstehen dadurch nicht, was Mose meint. Im Original steht ganz klar „Angesicht". Mose wollte das Angesicht Gottes in voller Herrlichkeit sehen.]

Nun schafft der Engel-JHWH Klarheit. „Du kannst mit mir wie mit einem Freund sprechen und mein Angesicht sehen, wenn ich meine Herrlichkeit ablege. Oder du kannst mit mir aus nächster Nähe sprechen (sozusagen von Angesicht zu Angesicht), wenn ich meine Herrlichkeit trage. Doch in diesem Fall wird mein Angesicht von einer Wolke bedeckt sein. Warum? Weil niemand Mein Angesicht in all Seiner Herrlichkeit sehen und so viel Macht überleben kann. Es würde ihn umbringen."

> *Du kannst Mein Angesicht nicht sehen, denn kein Mensch kann Mich sehen und leben* (2 Mo 33,20).

לֹא תוּכַל לִרְאֹת אֶת־פָּנָי כִּי לֹא־יִרְאַנִי הָאָדָם וָחָי:

Sein Angesicht in voller Herrlichkeit direkt anzuschauen, ist einfach nicht möglich. Also bietet der Engel-JHWH dem Mose eine andere Lösung an. Er stellt Mose in eine große Felsspalte und dreht sich von ihm weg, damit Mose Ihn zumindest von hinten sehen kann.

> *Hier ist ein Ort bei Mir, und du wirst auf dem Fels stehen. Und wenn Meine Herrlichkeit vorüberzieht, werde Ich dich in die Felsspalte stellen und dich mit Meiner Hand bedecken, bis Ich vorübergezogen bin. Dann werde Ich Meine Hand*

wegnehmen, und du wirst Mich von hinten sehen, aber Mein Angesicht wird nicht sichtbar sein (2 Mo 33,21-23).

הִנֵּה מָקוֹם אִתִּי וְנִצַּבְתָּ עַל־הַצּוּר: וְהָיָה בַּעֲבֹר כְּבֹדִי, וְשַׂמְתִּיךָ בְּנִקְרַת הַצּוּר וְשַׂכֹּתִי כַפִּי עָלֶיךָ עַד־עָבְרִי: וַהֲסִרֹתִי אֶת־כַּפִּי, וְרָאִיתָ אֶת־אֲחֹרָי וּפָנַי לֹא יֵרָאוּ:

Alle Propheten und Patriarchen, ganz egal welch geistliches Niveau sie erreicht hatten, hatten lediglich zwei Möglichkeiten den Engel-JHWH zu sehen. Die eine Möglichkeit war, seine menschliche Gestalt zu sehen, wenn er seine Herrlichkeit abgelegt hatte. Dies war der Fall bei Abraham bei den Eichen zu Mamre. Die zweite Möglichkeit war der verherrlichte Engel. In diesem Fall musste Er von einer Wolke bedeckt oder in großer Ferne sein.

Die noch großartigere Möglichkeit – nämlich Ihn direkt und in Seiner Herrlichkeit zu sehen – existiert aber auch noch. Bis jetzt wurde sie nur zwei Personen zuteil. Die erste war Stephanus, der erste Märtyrer (**Apg 6-7**). Im Moment seines Todes sah er den Himmel offen und Jeschua zur Rechten der Herrlichkeit stehen (**Apg 7,55**). In diesem Fall war Stephanus ohnehin dabei, seinen irdischen Körper zu verlassen, so nahm er nicht viel Schaden daran, dass er Jeschua in voller Herrlichkeit zu sehen bekam.

Die zweite Person, welcher diese Offenbarung zuteilwurde, war Johannes auf der Insel Patmos. Diese volle Offenbarung geschieht erst im letzten Buch der Bibel. Johannes sah, was sowohl Abraham als auch Mose sehen wollten. Er sah Jeschua in voller Herrlichkeit, von Angesicht zu Angesicht. Johannes war wiedergeboren. Er war mit dem Heiligen Geist erfüllt. Er war Jeschuas bester Freund in der Zeit seines Lebens auf Erden. Und trotzdem fiel er bei diesem Erlebnis fast tot um.

Er sieht Jeschua mit einem Angesicht, das leuchtet wie die Sonne. Seine Augen sind wie Feuerflammen und Seine Stimme wie viele gewaltige Wasser ... usw. (**Offb 1,12-16**). Johannes sah das verherrlichte Angesicht des Engel-JHWHs und starb dabei fast. Hier ist Johannes' eigene Beschreibung:

Und als ich ihn sah, fiel ich zu seinen Füssen wie tot; und er legte seine rechte Hand auf mich und sprach zu mir: Fürchte dich nicht! Ich bin der Erste und der Letzte (Offb 1,17).

In Teil 5 werden wir uns noch näher mit dieser Offenbarung auseinandersetzen. Hier stellen wir einfach den Zusammenhang zwischen dem Verlangen Moses und der Offenbarung des Johannes her. Johannes sah in Offenbarung 1, worum Mose in 2. Mose 33 gebeten hatte. Mose sah den gleichen verherrlichten Gott-Menschen, den Johannes sah. Nur musste Mose Ihn von hinten sehen. Die Zeit war noch nicht erfüllt, in der Jeschua in Seiner ganzen Herrlichkeit offenbart werden sollte.

Auch den übrigen Jüngern Jeschuas wurde dieses Maß an Offenbarung nicht zuteil. Auf dem Berg der Verklärung versuchte Jeschua sich ihnen zu offenbaren, doch sie schliefen ein. Sie waren noch nicht bereit, so viel Herrlichkeit zu ertragen. Gott musste sie schnell mit einer Wolke bedecken, damit sie durch die Macht seiner Herrlichkeit keinen Schaden nahmen. Die Jünger waren dabei zutiefst erschrocken und starben beinahe (Mt 17,6).

Die Geschichte auf dem Berg der Verklärung spielte sich etwa 1400 Jahre nach der Geschichte auf dem Berg Sinai ab. Zu diesem Zeitpunkt war Mose schon tot und im Himmel. Dort war er fähig, Jeschua, den Engel-JHWH, jederzeit zu sehen. Wir lesen sogar, dass Mose mit Jeschua auf dem Berg der Verklärung den Jüngern erschien, brauchen uns also um Mose nicht zu sorgen. Schließlich erreichte er, wonach er sich sehnte – und mehr.

Wahrlich, ich sage euch: Es stehen einige hier, die werden den Tod nicht schmecken, bis sie den Menschensohn kommen sehen in Seinem Reich.
Und nach sechs Tagen nahm Jesus mit Sich Petrus und Jakobus und Johannes, dessen Bruder, und führte sie allein auf einen hohen Berg. Und Er wurde verklärt vor ihnen, und Sein Angesicht leuchtete wie die Sonne, und Seine Kleider wurden weiß wie das Licht. Und siehe, da erschienen ihnen Mose und Elia; die redeten mit Ihm. Petrus aber fing an und sprach zu Jesus: Herr, hier ist gut sein! Willst du, so will ich hier drei Hütten bauen, dir eine, Mose eine und Elia eine.

> *Als er noch so redete, siehe, da überschattete sie eine lichte Wolke. Und siehe, eine Stimme aus der Wolke sprach: Dies ist mein lieber Sohn, an dem ich Wohlgefallen habe; den sollt ihr hören! Als das die Jünger hörten, fielen sie auf ihr Angesicht und erschraken sehr. Jesus aber trat zu ihnen, rührte sie an und sprach: Steht auf und fürchtet euch nicht! Als sie aber ihre Augen aufhoben, sahen sie niemand als Jesus allein.*
> *Und als sie vom Berge hinabgingen, gebot ihnen Jesus und sprach: Ihr sollt von dieser Erscheinung niemandem sagen, bis der Menschensohn von den Toten auferstanden ist* (Mt 16,28-17,9 LUT).

Petrus, Jakobus und Johannes durften hier beinahe das sehen, wonach sich alle Propheten und Patriarchen gesehnt hatten. Doch waren sie leider nicht dazu bereit. Im übrigen Teil der Evangelien erscheint Jeschua nur in nicht verherrlichtem Wesen, etwa so, wie er bei Abraham zu Besuch war. Er erschien absichtlich in dieser nicht verherrlichten Form. Er legte Seine Herrlichkeit ab, um Sich den Menschen nähern zu können.

> *Er, der in göttlicher Gestalt war, hielt es nicht für einen Raub, Gott gleich zu sein, sondern entäußerte sich selbst und nahm Knechtsgestalt an, ward den Menschen gleich und der Erscheinung nach als Mensch erkannt* (Philipper 2,6-7).

Jeschua hätte auf die Erde kommen können so wie Er schon auf dem Berg Sinai erschienen war: in voller Herrlichkeit und Kraft. Dann wären aber alle vor Ihm davongerannt, genau so, wie sie es damals taten (**2 Mo 20,18-21**). Der Engel-JHWH legte Seine Herrlichkeit und Macht nieder und kam auf die Erde, um den Menschen nahe zu sein. Und er kam uns nicht nur nahe, er starb als Opfer, um uns Versöhnung und Vergebung anzubieten.

Wir stellen hier die Parallele fest zwischen Moses Bitte auf dem Berg Sinai und Jeschuas Verlangen auf dem Berg der Verklärung, seinen Jüngern seine Herrlichkeit zu offenbaren. Mose war beide Male zugegen! Auch die Wolke und die Herrlichkeit waren vorhanden. Alles hätte gestimmt. Doch die Jünger waren nicht bereit. Gott möchte uns immer noch seine Herrlichkeit zeigen und uns in seine Herrlichkeit verwandeln. Aber wir sind immer noch nicht bereit.

Jeschua erschien auch Saul (Paulus) bevor er zum Glauben kam. Saul wurde sofort blind. Es war nicht die Macht, die seine Augen ausbrannte – ganz im Gegenteil. Die Herrlichkeit hätte ihn umgebracht und seine Augen ausgebrannt. Jeschua tat ihm einen großen Gefallen, indem er ihm die ersten Kontaktlinsen verpasste. Sie waren undurchsichtig. Drei Tage später, als Ananias für ihn betete, fielen sie von seinen Augen.

> *Als er aber auf dem Wege war und in die Nähe von Damaskus kam, umleuchtete ihn plötzlich ein Licht vom Himmel; und er fiel auf die Erde und hörte eine Stimme, die sprach zu ihm: Saul, Saul, was verfolgst du mich? Er aber sprach: Herr, wer bist du? Der sprach: Ich bin Jesus, den du verfolgst* (Apg 9,3-5).

> *Die Männer aber, die seine Gefährten waren, standen sprachlos da; denn sie hörten zwar die Stimme, aber sahen niemanden. Saul aber richtete sich auf von der Erde; und als er seine Augen aufschlug, sah er nichts. Sie nahmen ihn aber bei der Hand und führten ihn nach Damaskus* (Apg 9,7-8).

> *Und Ananias ging hin und kam in das Haus und legte die Hände auf ihn und sprach: Lieber Bruder Saul, der Herr hat mich gesandt, Jesus, der dir auf dem Wege hierher erschienen ist, dass du wieder sehend und mit dem Heiligen Geist erfüllt werdest. Und sogleich fiel es von seinen Augen wie Schuppen und er wurde wieder sehend* (Apg 9,17-18).

Jeschua verdunkelte Sauls Hornhaut, um seine Augen zu schützen. Eine neue Linse wurde in dem Moment geformt, als Ananias für ihn betete und die alte Schicht abfiel. Jeschua erschien Saul in verherrlichter, lichterfüllter Gestalt, wie er auch Johannes erschien. Aber Saul war nicht bereit dafür. Jeschua schützte ihn, sodass er dabei nicht umkam. In ähnlicher Weise legte Jeschua Seine Hand über Mose auf dem Berg Sinai, damit Mose nicht verletzt wurde, als er seine Herrlichkeit sah.

Im 2. Buch Mose kam Jeschua als Engel-JHWH mit einem Auftrag. Dieser Auftrag verlangte von Ihm, die Macht Seiner Herrlichkeit die ganze Zeit strahlen zu lassen. Indem er in solcher Kraft wirkte, befreite Jeschua das Volk aus Ägypten und gab ihnen die Thora. Die gleiche Kraft machte es aber auch notwendig, dass sich das Volk in sicherer Entfernung halten musste (**2 Mo 19,12**).

Als Jeschua als Mensch in diese Welt geboren wurde, kam Er mit einem anderen Auftrag. Der Auftrag des Evangeliums verlangte genau das Gegenteil. Er kam ohne Macht, um das Volk nahe zu Sich zu ziehen. Das nächste Mal, wenn Er zurückkommt, wird es wieder in voller Macht und Herrlichkeit sein, eher so wie auf dem Berg Sinai, nicht wie an den Ufern des Sees Genezareth.

Kapitel 6

Jeschua und das moralische Gesetz

Wenn der Engel-JHWH wirklich die Zehn Gebote geschrieben hat und wenn Jeschua der Engel-JHWH ist, dann war es Jeshua, der die Zehn Gebote geschrieben hat. Diese Tatsache hat weitreichende Folgen für das Christentum und das Judentum (**2 Mo 19,18; Mt 27,51**). Schauen wir uns beide etwas genauer an.

In den Schriften sehen wir ein wunderschönes Gleichgewicht zwischen Gnade und Gesetz. Das jüdische Gebetsbuch sagt, die Liebe Gottes und die Furcht Gottes seien ein und dasselbe. [Siehe „Eine unsere Herzen in Liebe und in Furcht“ – ויחד לבבנו לאהבה וליראה – (Morgengebet „Ewige Liebe“ – אהבת עולם).]

Im Neuen Bund sehen wir ein Beispiel dieses Gleichgewichts in Jeschuas Umgang mit der Ehebrecherin. Aus den Umständen versteht er, dass die religiösen Führer sie ungerecht verdammen wollten, da sie einerseits nur die Frau, nicht aber den Mann herbeigeführt hatten, andererseits diese offensichtlich bereute, was sie getan hatte.

Jeschua weist ihre Ankläger zurecht, indem er verlangt, wer ohne Sünde sei, solle den ersten Stein werfen. Als sie sich davonmachen, wendet er sich der Frau zu und sagt:

> *So verdamme ich dich auch nicht; geh hin und sündige hinfort nicht mehr* (Joh 8,11).

In seiner meisterhaften Art fasst Jeschua hier das biblische Gleichgewicht von Gnade und Gericht in wenigen Worten zusammen: „Verdamme nicht. Sündige nicht." Wenn wir im Evangelium der Vergebung die absoluten, moralischen Anforderungen entfernen, dann enden wir mit: „Ich verdamme dich nicht, sündige so viel du willst." Wenn wir die moralischen Anforderungen ohne die Vergebung anwenden, dann bleibt nur dieses Urteil: „Du hast gesündigt. Du bist verdammt."

Vergebung ohne moralisches Gesetz führt zu Humanismus und Kriminalität. Das moralische Gesetz ohne die Vergebung führt zu Religiosität und Verdammung. Ein Christentum, das Jeschua nicht als den Gesetzgeber erkennt, befindet sich in Gefahr, in humanistischen Relativismus abzugleiten und zur Ausrede für die moralische Dekadenz des Westens zu werden. Ein Judentum, das die Gnade Jeschuas als Gesetzgeber nicht erkennt, befindet sich in Gefahr, in gesetzlichen Extremismus zu fallen und eine jüdische Version des islamischen Scharia-Gesetzes zu werden.

In der Geschichte der Ehebrecherin beugt sich Jeschua nieder und schreibt mit Seinem Finger in den Sand. Es ist schwer, hier nicht sofort einen Zusammenhang zu knüpfen zwischen dem Finger, der in den Sand schreibt (**Joh 8,8**), und dem Finger, der die Zehn Gebote auf die Steintafeln schreibt (**2 Mo 31,18**). Der gleiche Finger, der geschrieben hatte: „Du sollst nicht ehebrechen", schrieb nun, wie das Gesetz mit Gnade und Gerechtigkeit anzuwenden ist. [Vergleiche dies auch mit dem göttlichen Finger, der in Babylon das Gericht an die Wand schrieb (**Dan 5,5**).]

Möglicherweise hat Jeschua das Gesetz gegen Ehebruch in den Sand geschrieben (**2 Mo 20,14**). Oder vielleicht hat Er den Vers hingeschrieben, der besagt, Mann und Frau müssten gleichermaßen bestraft werden (**3 Mo 20,10**). Dieses Gesetz wurde hier nämlich gebrochen. Oder Er schrieb die Verse, welche besagen, der Fall müsse in Gerechtigkeit vollständig untersucht werden (**5 Mo 13,15**), bevor die Zeugen den ersten Stein werfen dürfen (**5 Mo 13,10**).

Die Erwähnung Jeschuas, der mit Seinem Finger schreibt, ist ein Verweis von Johannes auf Jeschuas Urheberschaft der Zehn Gebote. Während Jeschua im Fall der Ehebrecherin Gnade erwiesen hat, war Er in der Bergpredigt über dieses Thema sehr viel „härter". Dort definierte Er den Ehebruch nicht nur als ein Vergehen im wörtlichen Sinn, sondern als Folge der Augenlust und der Vorstellungswelt (**Mt 5,28**).

Wir müssen die ganze Bergpredigt als Jeschuas Auslegung der Zehn Gebote sehen. Derselbe, der das Gesetz auf dem Berg Sinai geschrieben hat, gibt seine autoritative Auslegung dazu auf dem Berg der Seligpreisungen. Die Bergpredigt macht viel mehr Sinn, wenn wir dem, der die Gesetze interpretiert, die gleiche Autorität zumessen, wie dem, der sie geschrieben hat. So kann ich zum Beispiel am Text dieses Buches redaktionelle Änderungen vornehmen, weil ich der Autor des Textes bin. Die gesetzgebende Kraft, die ein Gesetz erlässt, hat die Autorität, an eben diesem Gesetz Abänderungen anzubringen. Jeschua hatte diese Autorität, weil Er der Autor war. Was Er auf dem Berg Sinai geschrieben hatte, legte Er in der Bergpredigt aus.

Jeschua lehrte auch über Mord. Er verglich Mord mit Geschwätz und Zorn. Er machte also Rufmord und emotionalen Missbrauch (**Mt 5,22**) zu Teilen des Gesetzes. Er entschied auch, dass die Motive des Herzens Schlüsselfaktoren in der Beurteilung von Schuld sein sollten. Die Motive des Herzens waren aus den Gesetzen über Mord und Blutrache bereits bekannt (**4 Mo 35,19-21**). Was Jeschua hier einführte, stimmte also mit dem Vorherigen völlig überein. Es gehörte zu Gottes Plan, in Seinem Volk das Verständnis für die Begriffe von Gerechtigkeit und Gnade zu entwickeln.

Eltern bestimmen Regeln für ihre Kinder, wenn diese noch zu jung sind, um zu verstehen, warum Regeln nötig sind. Während das Kind heranwächst, erklären die Eltern ihm dann Grund und Zweck für diese Regeln. Auf ähnliche Weise erließ Jeschua auf dem Berg Sinai die Gesetze und erklärte dann auf dem Berg der Seligpreisungen ihren eigentlichen Herzenszweck.

Und weiter sprach Jeschua auch über den Sabbat. Im Judentum haben wir Berge von rituellen Regeln (*halacha*) über das festgelegt, was man darf und nicht darf. Jeschua glaubte, ein solches Kompendium von zusätzlichen rituellen Gesetzen verringere die Fähigkeit, den Sabbat auf die Art zu halten, wie es der ursprünglichen Absicht entsprach. Sein Verständnis des Sabbats fasste er in drei einfachen Aussagen zusammen:[1]

1. Der Sabbat wurde für den Menschen geschaffen (**Mk 2,27**)
2. Der Menschensohn ist Herr über den Sabbat (**Mk 2,28**)
3. Es ist erlaubt, am Sabbat Gutes zu tun (**Mk 3,4**)

Seine Lehre zu diesem Gebot war in ihrer Einfachheit und Reinheit übernatürlich und revolutionär. Überdies war sie mehr als nur ein Kommentar über den Sabbat. In der jüdischen Welt gibt es eine rechtliche Stellung, die bekannt ist als „Posek HaDor" – פוסק הדור. So heißt der oberste Rabbiner, der Gericht hält und entscheidet, was in seiner Generation Gesetz wird. Jeschua sprach hier als „Posek HaDor". Er machte nicht Vorschläge über das Gesetz, Er legte das Gesetz fest. Er kommentierte das Gesetz nicht nur, Er erließ es.

Manche Länder haben einen Präsidenten der gesetzgebenden Gewalt, welche die Gesetze erlässt, und einen Obersten Richter, welcher in letzter Instanz entscheidet, wie das Gesetz zu interpretieren ist. Auf dem Berg Sinai war Jeschua der Präsident der gesetzgebenden Gewalt. Auf dem Berg der Seligpreisungen war er der Oberste Richter. Er erließ das Gesetz und entschied ebenso, wie es anzuwenden ist.

Ein fundamentaler Irrtum des Christentums ist die Trennung des Evangeliums von den grundlegenden moralischen Anforderungen, die in der Thora enthalten sind. Ein fundamentaler Irrtum des Judentums ist die Trennung der Thora vom Evangelium der Gnade, das nur in Jeschua gefunden werden kann. Die Thora führt uns zum Kreuz und das Kreuz vervollständigt die Thora.

---

[1] Für eine ausführlichere Behandlung des Themas siehe Anhang 5, „Den Sabbat halten".

Die Thora wurde nicht in einem Vakuum gegeben. Sie war eines von vier grundlegenden Elementen. Die Thora legte die moralischen Standards fest. Die Gebote der Thora wurden zusammen mit dem Opfersystem erlassen, welches Versöhnung und Vergebung für diejenigen bereitstellte, die Buße taten. Zum Opfersystem gehörte auch die Gegenwart des Heiligen Geistes. Diese drei – das moralische Gesetz (**2 Mo 20-23**), die sühnenden Opfer (**3 Mo 1-17**) und der Heilige Geist (**4 Mo 9,15-23; 11,24-30**) wurden Israel durch die Autorität des Engel-JHWHs gegeben.

Wenn wir die Gesetze und Gebote der Thora von der Vergebung im Opfersystem, von der Führung des Heiligen Geistes und von der Autorität des Engel-JHWHs trennen, dann wird die Thora zu etwas verzerrt, was nie beabsichtigt war. Fassen wir den korrekten Rahmen der Thora zusammen:

1. Engel-JHWH
2. Moralische Gebote
3. Erlösende Opfer
4. Inspiration des Heiligen Geistes

Ohne die Führung des Heiligen Geistes müssen die Rabbiner ganze Bände von zusätzlichen Geboten verfassen, um das Volk zu führen. Ohne das sühnende Opfer am Kreuz erhalten religiöse Symbole wie die Kopfbedeckung, das Küssen der Mesusa, das Waschen der Hände und das Entzünden der Kerzen einen abergläubischen Anschein von Frömmigkeit. Ohne die Unterordnung unter die Autorität des Messias, der die Thora gegeben hat, maßen sich die Rabbiner eine übertrieben große geistliche Autorität an. (In dieser Hinsicht ist rabbinische Autorität sehr ähnlich der päpstlichen Autorität.)

Im Neuen Bund wird die Thora auf unsere Herzen geschrieben (**Jer 31,31-34**). Obwohl dies stark vereinfacht ist, könnte man sagen, der rabbinische Judaismus befolge die Thora nur äußerlich, während das westliche Christentum sie mehrheitlich ablehnt. Der richtige biblische Weg, um die Gerechtigkeit der Thora zu erfüllen, wäre folgender:

1. Über die Kernaussagen des Gesetzes meditieren
2. Gemäß dem höchsten Niveau moralischer Integrität handeln
3. Vergebung durch Jeschuas erlösendes Opfer empfangen
4. Der Leitung des Heiligen Geistes gehorchen

Laut religiöser Juden brauchen wir die vielen zusätzlichen rabbinischen Gesetze, weil wir den Geboten, so wie sie in der Thora stehen, nicht gehorchen können. Ich stimme ihrer Vorannahme zu, doch nicht dem, was sie davon ableiten. Es ist uns tatsächlich unmöglich, die Gebote der Thora zu halten. Die Lösung für dieses Problem liegt aber nicht in Tausenden von zusätzlichen Gesetzen und Regeln zu jeder kleinsten Einzelheit. Die Lösung des Problems liegt darin, die Thora in den Rahmen der Sündenvergebung, der Einwohnung des Heiligen Geistes und der Herrschaft des Messias zu stellen.

> *Denn das Gesetz ist durch Mose gegeben; die Gnade und Wahrheit ist durch Jesus Christus geworden* (Joh 1,17).

Jeschua erfüllte das Gesetz auf eine Weise, in der wir alle versagt haben. Er allein hat nie gesündigt. Durch den Glauben an Ihn und durch die Kraft des Heiligen Geistes in unserem Leben sind die gerechten Forderungen des Gesetzes, das eigentliche Ziel der moralischen Reinheit, in uns erfüllt.

> *So gibt es nun keine Verdammnis für die, die in Christus Jesus sind. Denn das Gesetz des Geistes, der lebendig macht in Christus Jesus, hat dich frei gemacht von dem Gesetz der Sünde und des Todes. Denn was dem Gesetz unmöglich war, weil es durch das Fleisch geschwächt war, das tat Gott: Er sandte seinen Sohn in der Gestalt des sündigen Fleisches und um der Sünde willen und verdammte die Sünde im Fleisch, damit die Gerechtigkeit, vom Gesetz gefordert, in uns erfüllt würde, die wir nun nicht nach dem Fleisch leben, sondern nach dem Geist* (Röm 8,1-4).

Wir verleugnen das Gesetz nicht, das der Engel-JHWH dem Mose gab. Wir erfüllen seine eigentliche Absicht durch den

Glauben an Jeschua. Wir erfüllen seine perfekten, moralischen Ansprüche durch die Führung des Heiligen Geistes.[2]

Die absoluten moralischen Maßstäbe der Zehn Gebote sind die Basis zum Verständnis dessen, was die Errettung bedeutet. Einst kam ein reicher Jüngling zu Jeschua und fragte Ihn, was er tun müsse, um gerettet zu werden. Jeschua antwortete:

> *Willst du aber zum Leben eingehen, so halte die Gebote* (Mt 19,17).

Für viele Christen von heute ist Jeschuas Antwort völlig unverständlich. Aus biblischer Sicht ist sie aber vollkommen logisch. Man könnte einwenden: „Aber, ich dachte, wir seien doch durch unseren Glauben an Jeschua gerettet?" Damit bin ich völlig einverstanden, doch ist es nicht nötig, die moralischen Gebote vom Glauben an Jeschua zu trennen.

Es war Jeschua in der Gestalt des Engel-JHWHs, der die Zehn Gebote schrieb. An Ihn zu glauben, heißt, Ihm zu gehorchen (**Mt 6,24; 7,22; Lk 6,46; Röm 1,5**). Der Glaube an Ihn beginnt mit dem Gehorsam gegenüber grundlegenden, moralischen Maßstäben. Einfacher Gehorsam und moralische Integrität gehören zu den ersten Schritten des Glaubens.

Der junge Mann in der Erzählung fragt Jeschua als Nächstes, welche Gebote Er denn meine. Jeschua antwortet:

> *Du sollst nicht töten; du sollst nicht ehebrechen; du sollst nicht stehlen; du sollst nicht falsch Zeugnis geben; ehre Vater und Mutter; du sollst deinen Nächsten lieben wie dich selbst* (Mt 19,18).

Jeschua war es ja, der diese Gebote ursprünglich niederschrieb. Er sagt also im Prinzip diesem jungen Mann: „Wenn du mir folgen willst, beginne damit, die grundlegendsten moralischen Gebote zu halten, die Ich dir schon gegeben habe."

Es gibt keinen Widerspruch zwischen moralischen Standards und dem Evangelium – im Gegenteil. Wenn wir die Verbindung

---

[2] Für eine ausführlichere Betrachtung dieses Themas siehe Anhang 6, „Die Stufen von Evangelium und Gesetz".

zwischen Jeschua und den Zehn Geboten nicht sehen, werden wir uns weiterhin in der beschämenden Lage befinden, in der Pastoren und Evangelisten Ehebruch begehen und Geld hinterziehen, in der unsere Kinder keinen Respekt für Autorität zeigen und in der wir die moralische Kraft verloren haben, mit welcher wir unsere Nationen zur Buße aufrufen können.

> *Wer sündigt, missachtet das Gesetz Gottes, denn Sünde bedeutet immer Auflehnung gegen Gottes Gesetz ... Wer also mit ihm lebt, sündigt nicht. Wer aber weiter sündigt, hat ihn nicht erkannt oder nicht begriffen, wer er ist. Liebe Kinder, lasst euch von niemandem verführen! Wer handelt, wie es dem Willen Gottes entspricht, ist gerecht, wie Christus gerecht ist. Aber wenn Menschen sündigen, zeigt das, dass sie zum Machtbereich des Teufels gehören, der von Anfang an gesündigt hat. Doch der Sohn Gottes kam, um die Taten des Teufels zu vernichten. Wer zu Gott gehört, sündigt nicht, weil Gottes Leben in ihm ist. Deshalb kann er nicht mehr sündigen, denn er ist von Gott geboren* (1 Joh 3,4 und 6-9 NLB).

Die Thora definiert Sünde und Gerechtigkeit. Das Kreuz gibt uns Vergebung der Sünden. Der Heilige Geist gab uns Kraft, gerecht zu sein. Jeschua schrieb die Zehn Gebote, starb am Kreuz und gab uns den Heiligen Geist. Alles passt perfekt zusammen.[3]

> *Und so lautet sein Gebot: Wir sollen an den Namen seines Sohnes, Jesus Christus, glauben und einander lieben, wie er es uns aufgetragen hat* (1 Joh 3,23).

Aus Sicht des Neuen Bundes ist das erste Gebot der Glaube an Jeschua. Wie passt das in die Zehn Gebote? Die Einleitung zum ersten der Zehn Gebote spricht über den Glauben an den Engel-JHWH:

> *Ich bin JHWH, dein Gott, Der dich aus dem Land Ägypten gebracht hat* (2 Mo 20,2).

---

[3] Für eine ausführlichere Betrachtung dieses Themas siehe Anhang 6, „Die Stufen von Evangelium und Gesetz“.

אָנֹכִי יְהוָה אֱלֹהֶיךָ אֲשֶׁר הוֹצֵאתִיךָ מֵאֶרֶץ מִצְרַיִם מִבֵּית עֲבָדִים׃

Das erste der Zehn Gebote lautet: „Ich bin JHWH." Das erste Gebot ist zu glauben, dass ein gewisser Jemand JHWH ist. Wer ist dieser Jemand? Es ist derselbe, der uns in einer Wolkensäule eingehüllt aus Ägypten gebracht hat. Es ist derselbe, der Mose erschien. Jener Jemand sagte: „Ich bin JHWH." Wer sagte das? Wer schrieb jene Worte? Derjenige, der jene Worte schrieb, war der Engel-JHWH, dessen Finger die Zehn Gebote schrieben. Er ist JHWH-Gott. Die Offenbarung, dass der Engel-JHWH Gott ist, ist der Anfang aller Gebote.

Um es in der Sprache des Neuen Bundes auszudrücken: An Jeschua zu glauben und unseren Nächsten zu lieben ist die Zusammenfassung aller Gebote. Jeschua als den Engel-JHWH zu erkennen, ist der Schlüssel, um den Zusammenhang zwischen dem moralischen Gesetz und dem Glauben an den Messias zu verstehen.

Das erste der Zehn Gebote verlangt nicht zu glauben, JHWH sei Gott. Das Volk, das aus Ägypten auszog, glaubte dies bereits. Diesen Glauben verlangte Elijah vom abgefallenen Volk auf dem Berg Karmel. Das Volk schrie: **„JHWH ist Gott, JHWH ist Gott!"** (**1 Kö 18,39**).

Das erste der Zehn Gebote beginnt nicht mit „JHWH ist Gott", sondern mit „Ich bin JHWH". Zwischen diesen zwei Aussagen besteht ein großer Unterschied. Die Zehn Gebote wurden einem Volk gegeben, das bereits an JHWH als Gott glaubte. Die Offenbarung, dass JHWH Gott ist, galt denen, die Baal anbeteten. Zwischen der Offenbarung vom Berg Karmel und der Offenbarung auf dem Berg Sinai besteht ein Unterschied.

Auf dem Berg Karmel sprach Elijah zu denen, die glaubten, Baal wäre Gott. Er sagte ihnen, ihr Glaube sei falsch. Baal ist nicht Gott. JHWH ist Gott. Auf dem Berg Sinai hingegen sprach Mose zu denen, die bereits glaubten, JHWH sei Gott. Er erklärte ihnen, der Engel-JHWH, der sie aus Ägypten geführt und ihnen die Zehn Gebote geschrieben habe, sei der, den wir JHWH nennen. Er ist unser Gott.

Der göttliche Engel auf dem Berg Sinai schrieb dem Volk Israel: „Ich bin JHWH. Ich bin euer Gott. Ich bin derjenige, der euch aus Ägypten geführt hat." Der Engel, der sie aus Ägypten geführt, der die Zehn Gebote geschrieben und der sie in einer Feuer- und Wolkensäule begleitet hatte, offenbart dem Volk Israel nun Seine Identität und Göttlichkeit. „Ich bin Er. Ich bin der JHWH Gott, an welchen eure Vorväter immer geglaubt haben."

Der Engel auf dem Berg nannte Sich Selbst JHWH. Dies ist die Einleitung und das erste der Zehn Gebote. Die Zehn Gebote wurden von Engel-JHWH geschrieben. Wir glauben, dass der Engel-JHWH im Neuen Bund als Jeschua in diese Welt geboren wurde. Die Schlussfolgerung ist demnach: Jeschua, in Seiner vorgeburtlichen Form als Engel-JHWH, verkündet, Er sei JHWH Gott. Dies ist eine Aussage über Identität und Autorität. Die Parallele im Neuen Bund zu diesem ersten der Zehn Gebote ist der Glaube an die Herrschaft und Göttlichkeit Jeschuas.

Das moralische Gesetz kommt also von Jeschua. Auf dem Berg Sinai schrieb Sein Finger die Zehn Gebote. Auf dem Berg der Seligpreisungen erklärte Er die tiefere Bedeutung der Thora. Auf dem Berg Golgatha starb Er, um uns die Übertretungen dieses Gesetzes zu vergeben. Auf dem Ölberg wird Er zurückkommen, um diejenigen zu bestrafen, welche die Vergebung ablehnen und den Gehorsam verweigern.

> *Es werden viele zu mir sagen an jenem Tage: Herr, Herr … Dann werde ich ihnen bekennen: Ich habe euch noch nie gekannt; weicht von mir, ihr Übeltäter!* (Mt 7,22-23).
>
> *Was nennt ihr mich aber Herr, Herr, und tut nicht, was ich euch sage?* (Lk 6,46).

Da Jeschua das Gesetz geschrieben hatte, hatte Er auch die Autorität, die Übertretungen des Gesetzes zu vergeben. Da Er die Bestrafung, die wir für unsere Übertretungen verdient hätten, auf Sich genommen hat, hat er auch das Recht, diejenigen zu bestrafen, die fortfahren, ohne bußfertige Umkehr zu sündigen. Nur einer, der durch Gnade vergab, war würdig, im Gericht zu bestrafen. Der Autor wurde zum Erlöser. Der Erlöser wird einmal zum Richter werden.

Der Engel-JHWH gab das Gesetz auf dem Berg Sinai. Der Gesetzesgeber vom Berg Sinai wurde zum „Gesetzesvergeber“ von Golgatha. Eines Tages wird er zurückkommen, um über die Lebenden und die Toten zu richten.

TEIL 3

Die Eroberung

In diesem Teil untersuchen wir, wie Gott Josua und den Richtern während der Eroberung Kanaans erschien.

In dieser Zeitspanne entdecken wir Erscheinungen des göttlichen Boten als Heerführer der Armee JHWHs. Wir werden die Rolle dieses Heerführers mit dem Bild des wiederkommenden Jeschua, wie es insbesondere im Buch der Offenbarung beschrieben wird, vergleichen.

Wir werden uns auch überlegen, inwiefern die Rolle des Heerführers sich auf unsere Sicht der Bedeutung des Landes Israel und der Erlösung der Erde bei die Erfüllung der Endzeitprophetien auswirkt.

Kapitel 7

Der Oberbefehlshaber

Gott erschien Abraham, Isaak und Jakob in Menschenform und schloss einen Bund mit ihnen. Der Engel-JHWH führte die Kinder Israels aus Ägypten und gab ihnen die Zehn Gebote. Derselbe Gott-Engel-Mensch begleitete danach Israel während ihrer Eroberung des Landes Kanaan. In dieser Zeit lernten sie noch einen weiteren Aspekt seines Charakters kennen: Er ist der Oberbefehlshaber der Engelsarmeen.

Am Abend vor der Schlacht von Jericho hatte Josua eine erstaunlich klare Begegnung mit dem Gott-Engel-Menschen.

> *Und es geschah, als Josua bei Jericho war, hob er seine Augen und sah, siehe, ein Mann stand ihm gegenüber mit Seinem gezogenen Schwert in der Hand.*
> *Und Josua ging zu Ihm hin und sagte zu Ihm: „Bist Du für uns oder für unsere Feinde?"*
> *Er sagte: „Nein. Als Befehlshaber JHWHs bin ich jetzt gekommen." Und Josua fiel nieder zur Erde, betete an und sagte zu Ihm: „Was sagt mein Herr zu Seinem Diener?"*
> *Und der Befehlshaber der Armee JHWHs sprach zu Josua: „Ziehe deine Schuhe aus, denn der Ort, auf dem du stehst, ist heilig." Und Josua tat dies* (Jos 5,13-15).

וַיְהִי, בִּהְיוֹת יְהוֹשֻׁעַ בִּירִיחוֹ, וַיִּשָּׂא עֵינָיו וַיַּרְא, וְהִנֵּה־אִישׁ עֹמֵד לְנֶגְדּוֹ, וְחַרְבּוֹ שְׁלוּפָה בְּיָדוֹ
וַיֵּלֶךְ יְהוֹשֻׁעַ אֵלָיו וַיֹּאמֶר לוֹ, הֲלָנוּ אַתָּה אִם־לְצָרֵינוּ׃

וַיֹּאמֶר לֹא, כִּי אֲנִי שַׂר־צְבָא־יְהוָה עַתָּה בָאתִי
וַיִּפֹּל יְהוֹשֻׁעַ אֶל־פָּנָיו אַרְצָה וַיִּשְׁתָּחוּ, וַיֹּאמֶר לוֹ, מָה אֲדֹנִי מְדַבֵּר אֶל־עַבְדּוֹ:
וַיֹּאמֶר שַׂר־צְבָא יְהוָה אֶל־יְהוֹשֻׁעַ, שַׁל־נַעַלְךָ מֵעַל רַגְלֶךָ, כִּי הַמָּקוֹם, אֲשֶׁר
אַתָּה עֹמֵד עָלָיו קֹדֶשׁ הוּא וַיַּעַשׂ יְהוֹשֻׁעַ כֵּן:

Dieser Abschnitt macht mich sprachlos. Die Wörter „Befehlshaber der Armee JHWHs“ sind im Hebräischen mit Bindestrichen verbunden, es sind drei Wörter ohne Artikel oder Präposition. Es handelt sich also um *ein* Wort, oder *einen* Namen. Die beste Darstellung im Deutschen wäre **„JHWH-Armee-Führer“.** Unser moderner Ausdruck dafür wäre „Oberbefehlshaber“.

In Israel wird der Kommandant über die ganze israelische Verteidigungsarmee (IDF) „Ramat-Kal“ genannt, oder „Oberster des Generalkommandos“. Im letzten Kapitel begegneten wir Jeschua als Präsident der Gesetzgebenden Behörde und oberstem Richter des höchsten Gerichts. Nun ist es Zeit Ihn als Oberbefehlshaber der Streitkräfte kennenzulernen.

Wer ist dieser Mann? Er kann nicht Gott, unser himmlischer Vater sein, da Er als Mann bezeichnet wird. Er kann kein gewöhnlicher Engel sein, da Josua Ihn als Herr bezeichnet und Ihn anbetet. Dieser „Mann“ weist Josua an, seine Schuhe auszuziehen, da er auf heiligem Boden stehe. Dieser Satz zitiert bis aufs Wort genau, was Engel-JHWH zu Mose beim brennenden Busch gesagt hatte (**2 Mo 3,5**). Er stellt hier zweifellos den Anspruch, derselbe zu sein, der Mose beim brennenden Busch begegnet war.

Was überrascht, ist die Geschwindigkeit, mit welcher Josua bereit ist, Ihn anzubeten und Ihm zu gehorchen. Offenbar erkennt er Ihn von der früheren Begegnung her. Wir erinnern uns: Josua war viele Male dabei gewesen, als Mose mit Engel-JHWH in der Wüste Zeit verbracht hatte. Manchmal blieb Josua sogar noch länger im Heiligen Zelt, nachdem Mose schon gegangen war (**2 Mo 33,11**). Zuerst erkennt Josua Ihn nicht, da Er ihm hier in einer etwas anderen Rolle begegnet. In dem Moment aber, als der Engel-JHWH zu ihm sprach, wusste er, wen er vor sich hatte.

Was für ein herausfordernder und inspirierender Moment! Die Person, die wir hier sehen, ist:

1. **Ein Mann** – dies wird in Vers 13 klar festgehalten.
2. **Ein Befehlshaber** der **Armee** – dies sehen wir in Vers 14.
3. **Ein Engel** – da Mitglied des Engelsheeres.
4. **Gott** – als Äquivalent zu dem ICH BIN vom brennenden Busch.
5. **Herr** – als solchen betet Josua Ihn an.

Kombiniert man alle diese Eigenschaften, bleibt keine Person übrig, außer einer: Der Neue Bund attestiert diese Kombination von Eigenschaften alleine Jeschua. Die einzige logische Schlussfolgerung ist daher, dass der Befehlshaber, den Josua hier traf, Jeschua gewesen sein muss.

Der Name Josua im Hebräischen lautet Jehoschua; es ist derselbe Name wie Jeschua. (Jeschua ist eine verkürzte Form von Jehoschua). Jeschua ist benannt nach Jehoschua, oder umgekehrt. Hier treffen sich Josua und Jesus. Ich nenne es daher auch das Treffen zwischen dem großen „**J**" und dem kleinen „**J**". Wir sehen eine Parallele in ihren Rollen. Jeschua ist ein Abbild Jehoschuas, und Jehoschua ist ein Abbild Jeschuas.[1]

Wenn wir über diesen Abschnitt nachdenken, so merken wir sogleich, dass etwas fehlt. Er ist der Befehlshaber, aber es gibt keine Armee. Wo ist das Heer, das Er anführt? Der Prophet Elisa erlebte genau das Gegenteil. Er sah das Heer ohne Anführer. Der

---

[1] In diesem Abschnitt liegt auch eine treffende, aus einem Wort bestehende Lehre über die Souveränität Gottes verborgen. Wie Josua möchten wir oft wissen, ob Gott auf UNSERER Seite ist oder nicht. Wir behandeln Ihn beinahe wie einen Fan an der Weltmeisterschaft. „Bist Du für Spanien oder Italien?" Doch der Engel-JHWH sagt nicht, ob Er auf Israels Seite ist oder auf der Seite ihrer Feinde. Er sagt ganz einfach: „Nein." Die Frage ist nicht, ob Er auf unserer Seite ist, sondern ob wir auf Seiner Seite sind. Er spielt dieses Spiel nicht. Wenn wir auf Seiner Seite sind, so ist Er auf unserer Seite. Er ist der souveräne Herr. Als Israel sündigte, bestrafte es Gott. Als es dem Bund treu blieb, kämpfte Er für sein Volk. In diesem Fall kämpfte Er tatsächlich für es.

Prophet war umgeben von der ganzen Syrischen Armee, welche zum Angriff gekommen war. Eine ganze Armee gegen eine Person. Elisas Diener wurde von Panik ergriffen. Elisa aber sagt ihm, er solle sich nicht fürchten, denn es wären MEHR auf ihrer Seite als auf der Gegenseite. Dann betet er, seinem Diener solle offenbart werden, was er bereits wusste.

> *„JHWH, ich bitte Dich, öffne seine Augen, damit er sehe." Und JHWH öffnete die Augen des jungen Mannes und er sah, und siehe der Berg war voll von Pferden und feurigen Wagen rund um Elisa* (2 Kön 6,17).

יְהוָה פְּקַח־נָא אֶת־עֵינָיו וְיִרְאֶה וַיִּפְקַח יְהוָה אֶת־עֵינֵי הַנַּעַר, וַיַּרְא, וְהִנֵּה הָהָר מָלֵא סוּסִים וְרֶכֶב אֵשׁ סְבִיבֹת אֱלִישָׁע:

Hier sehen wir das Heer, aber keinen Heerführer. Die Soldaten sind Engel und sie haben Pferde und Wagen aus Feuer. Sie befinden sich auf dem Berg, was bedeuten könnte, dass sie dort vom Himmel herunterkommend gelandet waren. In Josua 5 sehen wir den Heerführer ohne Heer. In 2. Könige 6 sehen wir das Heer ohne Heerführer. Gibt es einen Ort, wo wir beide zusammen sehen? Ja.

> *Und ich sah den Himmel aufgetan; und siehe, ein weißes Pferd. Und der darauf saß, hieß: Treu und Wahrhaftig, und Er richtet und kämpft mit Gerechtigkeit. Und Seine Augen sind wie eine Feuerflamme, und auf Seinem Haupt sind viele Kronen; und Er trug einen Namen geschrieben, den niemand kannte als Er selbst. Und Er war angetan mit einem Gewand, das mit Blut getränkt war, und Sein Name ist: Das Wort Gottes. Und Ihm folgte das Heer des Himmels auf weißen Pferden, angetan mit weißem, reinem Leinen* (Offb 19,11-14).

Offenbarung 19 bringt das Heer und den Heerführer zusammen. Es ist dasselbe Heer mit Pferden und Wagen aus Feuer, das aus dem Himmel gekommen ist. Der Heerführer ist derselbe. Die Verbindung zwischen Offenbarung 19 und Josua 5 ist äußerst bedeutsam. Offenbarung 19 zeigt, dass der Heerführer aus Josua 5 tatsächlich Jeschua ist. Die Einheit zwischen diesen beiden

Bildern des göttlichen Heerführers stellt eine profunde Verbindung zwischen den Weltsichten des Alten und des Neuen Bundes, zwischen der christlichen Denkweise und der jüdischen dar. Richtig verstanden ist sie eine Brücke mit einem durchgehenden Thema vom Anfang der biblischen Schriften bis zu ihrem Ende.

In Josua 5 sehen wir den Heerführer, in 2. Könige 6 das Heer; im Buch der Offenbarung den Heerführer und das Heer. Gibt es eine Textstelle, in der wir die feindliche Armee sehen, gegen welche die himmlische Armee in die Schlacht zieht? Wo ist der Feind? Wo ist der Krieg? Der Prophet Sacharja gibt uns die Antwort:

> *Siehe, der Tag JHWHs kommt, und deine Beute wird in deiner Mitte ausgeteilt werden. Denn ich werde alle Nationen zum Krieg gegen Jerusalem sammeln. Die Stadt wird eingenommen werden ...*
> *Und JHWH wird ausziehen und gegen diese Nationen kämpfen, wie Er kämpft am Tage der Schlacht. Und an diesem Tag werden Seine Füße auf dem Ölberg stehen, der vor Jerusalem gegen Osten liegt ...*
> *So wird JHWH, mein Gott, kommen und alle Heiligen mit Dir* (Sacharja 14,1-5).

הִנֵּה יוֹם־בָּא לַיהוָה וְחֻלַּק שְׁלָלֵךְ בְּקִרְבֵּךְ: וְאָסַפְתִּי אֶת־כָּל־הַגּוֹיִם אֶל־יְרוּשָׁלַםִ
לַמִּלְחָמָה, וְנִלְכְּדָה הָעִיר, וְנָשַׁסּוּ הַבָּתִּים, וְהַנָּשִׁים תִּשָּׁגַלְנָה וְיָצָא חֲצִי הָעִיר
בַּגּוֹלָה, וְיֶתֶר הָעָם, לֹא יִכָּרֵת מִן־הָעִיר: וְיָצָא יְהוָה, וְנִלְחַם בַּגּוֹיִם הָהֵם כְּיוֹם
הִלָּחֲמוֹ בְּיוֹם קְרָב: וְעָמְדוּ רַגְלָיו בַּיּוֹם־הַהוּא עַל־הַר הַזֵּתִים אֲשֶׁר עַל־פְּנֵי
יְרוּשָׁלַםִ מִקֶּדֶם, וְנִבְקַע הַר הַזֵּיתִים מֵחֶצְיוֹ מִזְרָחָה וָיָמָּה, גֵּיא גְּדוֹלָה מְאֹד וּמָשׁ
חֲצִי הָהָר צָפוֹנָה וְחֶצְיוֹ־נֶגְבָּה: וְנַסְתֶּם גֵּיא־הָרַי, כִּי־יַגִּיעַ גֵּי־הָרִים אֶל־אָצַל,
וְנַסְתֶּם, כַּאֲשֶׁר נַסְתֶּם מִפְּנֵי הָרַעַשׁ, בִּימֵי עֻזִּיָּה מֶלֶךְ־יְהוּדָה וּבָא יְהוָה אֱלֹהַי,
כָּל־קְדֹשִׁים עִמָּךְ:

Der Bericht über den Angriff der Nationen auf Jerusalem wird auch in Sacharja 12,3; 12,6; 12,9; 14,12 und 14,16 wiederholt. Der Tag JHWHs, von welchem hier die Rede ist, ist in christlichen Kreisen bekannt als das Zweite Kommen. Die Israelitischen Propheten bezeichneten ihn als „den großen und schrecklichen Tag JHWHs“ (**Joel 1,15; 2,11; 3,4; 3,14**). Der große und schreckliche Tag JHWHs im jüdischen Denken und das zweite Kommen Jeschuas im christlichen Denken sind ein und dasselbe Ereignis, ein und derselbe Tag.

Und JHWH wird König sein über die ganze Erde. An diesem Tag wird es sein – JHWH ist Einer und Sein Name ist einer (Sacharja 14,9).

וְהָיָה יְהוָה לְמֶלֶךְ עַל־כָּל־הָאָרֶץ בַּיּוֹם הַהוּא, יִהְיֶה יְהוָה אֶחָד וּשְׁמוֹ אֶחָד׃

An diesem Tag wird alles „eins“ werden. Der Engel-JHWH wird nicht länger verschiedene, scheinbar von einander losgelöste Rollen wahrnehmen als Bundes-Schließer Abrahams, Gesetzgeber Moses und Heerführer Josuas. Er wird alle diese Rollen auf einmal erfüllen.

Er wird König sein über die ganze Erde. Sein Königreich wird von Jerusalem aus über alle Nationen regieren. Zwischen dem Überrest Israels und der internationalen Gemeinde wird es keine Spaltung mehr geben. Das messianische Königreich wird für 1000 Jahre Frieden und Wohlstand auf der Erde bringen.

Zu beachten ist, dass nach **Sacharja 14,4** seine Füße auf dem Ölberg stehen werden. Dies sind dieselben Füße, die in **Apostelgeschichte 1,11-12** schon einmal auf dem Ölberg standen. So wie seine Füße in Apostelgeschichte 1 sich vom Ölberg abhoben, werden sie gemäß Sacharja 14 auch dort wieder landen. Das hebräische Wort für Seine Füße, רגליו, in **Sacharja 14,4** ist dasselbe wie in **2. Mose 24,10**, wo die Ältesten Israels Seine Füße und Beine in menschlicher Form gesehen hatten. Die Füße, die sie auf dem Berg Sinai gesehen hatten, werden auf dem Ölberg wiedererkannt werden. Derselbe Gott-Mensch, den wir in 1. und 2. Mose, in Josua, in Sacharja, in der Apostelgeschichte und in der Offenbarung angetroffen haben, wird kommen, um die Schlachten der Endzeit zu kämpfen und die Erde von Jerusalem aus zu regieren.

Offenbarung 19 und Sacharja 14 sind die zwei eindeutigsten Beschreibungen des zweiten Kommens Jeschuas in der ganzen Bibel. Offenbarung 19 beschreibt die himmlische Perspektive,

Sacharja 14 die irdische. Wenn wir die beiden Bilder zusammenfügen, erhalten wir Klarheit über viele unserer Fragen bezüglich der Endzeit.

Jeschua sowohl in Offenbarung 19 als auch in Josua 5 als den Anführer des himmlischen Heeres zu sehen, lässt uns Seine Göttlichkeit und Autorität besser verstehen. Die Schlachten von Offenbarung 19 und Sacharja 14 als ein und dieselben zu erkennen, hilft uns, Sein zweites Kommen und das Millennium besser verstehen.[2]

In diesem Kapitel wollen wir vor allem Jeschua als Heerführer kennen und verstehen lernen. In Israel gehen alle jungen Menschen nach ihrem Mittelschulabschluss zur Armee. Alle unsere vier Kinder haben die israelische Armee durchlaufen. Die Armee Israels wird in der Bibel häufig erwähnt. Es gibt auch eine Parallele zwischen der irdischen Armee Israels und dem Engelheer des Gottes Israels im Himmel.

Heskel, mein ältester Sohn, dient als Kommandant in der Israelischen Armee. Er ist ein geisterfüllter, hingegebener Gläubiger. Er ist verheiratet und Vater einer kleinen Tochter. Er ist ein sehr sensibler Mann. Gleichzeitig hat er aber durch seine Erfahrung als Kommandant in der Armee tiefe Kenntnisse, was Autorität, Umgang mit Opposition und Widerstand-Leisten im Angesicht des Feindes angeht. Einmal sagte er mir: „Wenn jemand kommt, um dich umzubringen, dann hast du keine andere Wahl, als ihm die Möglichkeit zur Tat zu nehmen.“ In Heskel sehe ich Charakterzüge Jeschuas, die gleichzeitig ein sanftes Lamm und einen Befehlshaber widerspiegeln. Dieses Beispiel erwähne ich, um ein wenig zu verdeutlichen, dass Jeschua gleichzeitig sowohl sanfte als auch militärische Eigenschaften haben kann.

---

[2] Für eine ausführlichere Auseinandersetzung mit diesem Zusammenhang und der Endzeit siehe unser Buch, ***Iraq to Armageddon*** (Destiny Image Press). Der Zweck des Buches, das du in den Händen hältst, ist nicht eine Erklärung der Endzeit, sondern ein Vergleich zwischen Jeschua im Neuen Bund und dem Engel-JHWH im Alten Bund.

Im alten israelischen Königreich gab es eine geistliche Koordination zwischen dem Engelheer und der irdischen Armee. David betete immer, bevor er in eine Schlacht zog, um zu erfahren, ob der Herr wollte, dass er kämpfte oder nicht. Die Antwort konnte sowohl ja als auch nein lauten. David pflegte auch zu beten, wann die Schlacht stattfinden und wie er kämpfen solle. David sah sich nicht selbst als den Initiator einer Schlacht. Er ordnete sich dem Willen des Herrn unter und erwartete die Entscheidung und die Anweisungen von ihm.

Einmal sagte ihm der Herr, er solle warten, bis er die Fußschritte einer Armee in den Baumspitzen über ihm höre (**2. Samuel 5,23-25**). Nicht das Engelheer folgte David und seiner Armee, sondern er wollte ihm folgen. Die geistliche Armee leistete in diesem Kampf mehr als die irdische. Zwischen beiden bestand eine Bundesbeziehung.

David liebte es, den Herrn mit Musik und Lobpreis anzubeten. Aber er kannte den Herrn auch als Heerführer. Heute bitten viele den Herrn um ein „Herz wie David." Das ist gut. Um ein Herz wie David zu haben, müssen wir Lobpreis und Anbetung zur obersten Priorität in unserem Leben machen. Als Nächstes brauchen wir ein offenes Herz des Gehorsams und der Unterordnung. Und außerdem müssen wir den Herrn als Oberbefehlshaber kennen. Die militärische Seite Jeschuas nicht zu kennen, bedeutet, Ihn nicht wirklich zu kennen.

Weil Jeschua vor 2000 Jahren als Opferlamm auf diese Erde kam, haben heute viele Menschen ein Problem damit, in ihm den Heerführer zu sehen. Aber nur, wenn wir Jeschua als diesen Heerführer erkennen, können wir in den geistlichen Kämpfen und der Trübsal der Endzeit bestehen.

In den letzten Jahren haben die Vereinten Nationen, die internationalen Medien und der islamische Dschihad Israel leidenschaftlich angegriffen. Gleichzeitig dienen Hunderte von jungen messianischen Frauen und Männern in der israelischen Armee. Wegen den Tendenzen im aktuellen Geschehen und der Endzeitprophetien ist die Offenbarung Jeschuas als Anführer der Armeen des Gottes Israels dringend nötig und für Christen auf der ganzen Welt lebenswichtig.[3]

In **Josua 5,14** sagt der Engel-JHWH, dass die Frage nicht lautet, ob Er auf unserer Seite ist, sondern ob wir auf seiner Seite sind. **Sacharja 14,3** sagt, dass Er kommt, um gegen alle jene zu kämpfen, welche gegen Jerusalem ziehen. Viele Juden wollen Jerusalem, aber ohne Jesus. Viele Christen wollen Jesus, aber ohne Jerusalem. Weltliche Humanisten und der islamische Dschihad wollen keines von beidem. Die Frage lautet jedoch nicht, was wir wollen, sondern was Er will. Wird er uns, wenn Er kommt, im Kampf für ihn oder gegen ihn finden, oder werden wir uns einfach vor dem Kampf drücken?

---

[3] Es ist meine Hoffnung, dass die Offenbarung Jeschuas als Oberbefehlshaber hilft, die internationale Gemeinde für die Endzeit vorzubereiten. Der Heilige Geist legt seit einiger Zeit folgenden dringenden Auftrag auf mein Herz: „**Bereite die Gemeinde darauf vor, in den Geschehnissen der Endzeit, welche zum zweiten Kommen Jeschuas führen werden, auf der Seite Israels zu stehen.**" Sollte dein Herz dieses Wort bestätigen, dann teile doch bitte diese Ermahnung mit anderen.

Kapitel 8

Wer schlug die Schlacht um Jericho?

Der göttliche Heerführer hält sein Schwert gezogen in der Hand, als er Josua begegnet. Das bedeutet, er war zum Kampf bereit.

Und siehe, ein Mann stand ihm gegenüber mit Seinem gezogenen Schwert in der Hand (Jos 5,13).

וְהִנֵּה־אִישׁ עֹמֵד לְנֶגְדּוֹ, וְחַרְבּוֹ שְׁלוּפָה בְּיָדוֹ

Den Engel-JHWH sehen wir noch an zwei anderen Stellen mit seinem gezogenen Schwert. Einmal bei der Begegnung mit Bileam und seinem Esel.

Dann öffnete JHWH die Augen Bileams und er sah den Engel-JHWHs im Weg stehen mit seinem gezogenen Schwert in der Hand. Und er senkte seinen Kopf und fiel auf sein Angesicht (4 Mo 22,31).

וַיְגַל יְהוָה אֶת־עֵינֵי בִלְעָם, וַיַּרְא אֶת־מַלְאַךְ יְהוָה נִצָּב בַּדֶּרֶךְ, וְחַרְבּוֹ שְׁלֻפָה בְּיָדוֹ וַיִּקֹּד וַיִּשְׁתַּחוּ לְאַפָּיו׃

Bileam war ein unabhängiger „Prophet“, der von Balak, dem König Midians, angeheuert worden war, um das jüdische Volk in der Wüste zu verfluchen. Der Engel-JHWH tritt ihm auf seiner Reise entgegen, um ihn zu warnen. Statt Israel zu verfluchen müsse er Israel segnen. Auf den ersten Blick scheint dieser Eingriff etwas brutal zu sein. Doch Gott sah die verborgene Bosheit in den Herzen von Balak und Bileam.

Nachdem die Methode der Magie gegen Israel fehlgeschlagen hatte, griffen sie zur Strategie der sexuellen Versuchung, zu Dekadenz und Okkultismus.

Israel wohnte zur der Zeit in Schittim und das Volk begann Hurerei zu treiben mit den Töchtern Moabs. Und diese Frauen veranlassten das Volk, ihren Göttern zu opfern. Und das Volk aß und betete[1] *ihre Götter an* (4 Mo 25,1-2).

וַיֵּשֶׁב יִשְׂרָאֵל בַּשִּׁטִּים וַיָּחֶל הָעָם, לִזְנוֹת אֶל-בְּנוֹת מוֹאָב: וַתִּקְרֶאןָ לָעָם, לְזִבְחֵי אֱלֹהֵיהֶן וַיֹּאכַל הָעָם, וַיִּשְׁתַּחֲווּ לֵאלֹהֵיהֶן:

Das Volk Israel wurde für seine eigene Sünde zur Verantwortung gezogen und entsetzlich bestraft (25 000 Israeliten kamen um). Die Verstrickung mit Midian führte zu einem Krieg, in welchem auch zehntausende Midianiter ums Leben kamen. Vor dieser schrecklichen Situation hatte der Engel-JHWH gewarnt, als er mit Seinem gezogenen Schwert vor Bileam stand.[2]

Später erfahren wir, dass Bileam in der Planung der Verführung zur Hurerei eine aktive Rolle spielte (**4 Mo 31,16**). Im Neuen Bund wird er als falscher Prophet bezeichnet (**2 Petr 2,15, Offb 2,14**). Im Krieg zwischen Midian und Israel, für den er teilweise selbst verantwortlich war, wurde er umgebracht (**4 Mo 31,8**).

Beim ersten Lesen könnte man sich fragen, ob es sich beim Engel mit dem gezogenen Schwert vor Bileam nicht einfach um einen gewöhnlichen, von Gott gesandten Engel handelt. Es gibt aber drei Beweise für die Göttlichkeit dieses Engels:

---

[1] *Und Israel blieb in Sittim. Und das Volk fing an zu huren mit den Töchtern Moabs; und diese luden das Volk zu den Opfern ihrer Götter, und das Volk aß und beugte sich nieder vor ihren Göttern"* (4. Mose 25,1-2 ELB 1905).

[2] Diese Lektion lernen wir durch die ganze Bibel hindurch. Manchmal scheinen uns die Gerichte des Herrn hart oder ungerechtfertigt. Doch sie sind immer gerecht und gnädig. Er warnt uns in der Gegenwart vor Problemen, die er in der Zukunft auf uns zukommen sieht. Seine Gerechtigkeit beachtet auch Sein Vorauswissen. Er sieht, was wir noch nicht sehen. Wir wissen nur, dass er gerecht und barmherzig ist, und dass wir Ihm immer vertrauen können.

1. Die Form des zusammengesetzten Namens (S'michut) im Namen JHWHs (**4 Mo 22,22; 24; 26; 27; 32; 34; 35**).
2. Die abwechselnde Verwendung Seines Namens und der Namen Elohim oder JHWH (**4 Mo 22,9; 12; 13; 20; 22; 23; 28; 31; 35; 38**).
3. Der Gebrauch der ersten Person für die Rolle der Autorität Gottes, die ihm in der ganzen Beschreibung zukommt (**4 Mo 22,20; 35; 38; 23,5**).

All diese Verse beweisen, dass es sich hier nicht um einen gewöhnlichen Engel, sondern um den göttlichen Engel-JHWH handelt.

Das dritte Mal begegnen wir diesem Engel-JHWH mit gezogenem Schwert bei der Tenne Araunas. König David hatte in einem momentanen Geltungsbedürfnis befohlen, eine Volkszählung durchzuführen. Die Strafe in Form einer Plage trifft das Volk. Auf dem Höhepunkt der Spannungen sieht David den Engel-JHWH in der Luft über Jerusalem.

Dann hob David seine Augen auf und er sah den Engel-JHWH zwischen Himmel und Erde stehen, und sein Schwert lag gezogen in seiner Hand, ausgestreckt über Jerusalem (1 Chr 21,16).

וַיִּשָּׂא דָוִיד אֶת־עֵינָיו, וַיַּרְא אֶת־מַלְאַךְ יְהוָה עֹמֵד, בֵּין הָאָרֶץ וּבֵין הַשָּׁמַיִם,
וְחַרְבּוֹ שְׁלוּפָה בְּיָדוֹ, נְטוּיָה עַל־יְרוּשָׁלָםִ

Der Name zeigt hier dieselbe Form des zusammengezogenen Namens. Hingegen steht im Textzusammenhang des restlichen Abschnitts kein Hinweis darauf, ob dieser Engel göttlich war oder einfach einer unter anderen.

Es gibt eine Parallele zwischen dieser Erscheinung des Engel-JHWHs und seiner früheren Erscheinung während der Opferung Isaaks. Beide Erscheinungen geschahen am selben Ort. Im ersten Fall wird Isaak als Opfer durch den Widder abgelöst. Im zweiten Fall wird die Zerstörung Jerusalems in vollem Gange unterbrochen. Die dynamische Spannung zwischen Gericht und Versöhnung sind in beiden Fällen ersichtlich.

Kehren wir zurück zur Schlacht um Jericho. Josua war einer der größten Armeegeneräle, die je gelebt haben. Seine Begegnung mit dem Gott-Mensch-Befehlshaber fand am Vorabend der Schlacht statt. Vor der Schlacht musste eine wichtige Frage geklärt werden: Kämpften Josua und Israel für sich selbst oder waren sie dem göttlichen Boten untergeordnet?

Als Führer der Stämme Israels unterstellt sich Josua zu 100 Prozent dem himmlischen Heerführer. Damit war der Segen Gottes gesichert. Josua beschäftigte am Vorabend der Schlacht wie jeden guten Anführer offensichtlich die Frage, wie er verhindern konnte, dass Streitkräfte unnötig verloren gingen. Hätte der Heerführer ihm befohlen, nicht zu kämpfen, hätte er sofort zugestimmt, die Schlacht zu unterbrechen. Da er sich nun untergeordnet hatte, waren seine Sorgen beseitigt und er wusste, dass sein Volk göttliche Gnade und Schutz erfahren würde.

Obwohl Josua ein großer Militärtaktiker war, spielte sich die Schlacht doch auf sehr eigenartige Weise ab. Anstatt anzugreifen, zog das Volk aus und marschierte lautlos mit der Bundeslade um die Stadt herum. Nur die Schofarhörner wurden geblasen. Dies war keine psychologische Kriegsführung. Dies war geistliche Kriegsführung, ein Akt des Glaubens, des Gebets und des Lobpreises. Am siebten Tag, beim Schall der sieben Schofare und einem Siegesschrei, fielen die Mauern der Stadt.

Die Frage, die man sich hier stellen muss: Wer genau schlug diese Schlacht? Die Mauern der Stadt fielen, ohne dass ein einziger Israeli sie berührt hätte. Ja, es stimmt, sie nahmen die Stadt ein, nachdem die Mauern gefallen waren. Es braucht aber kein Militärgenie mehr, um eine Schlacht zu gewinnen, nachdem die Mauern auf die feindlichen Soldaten gestürzt waren. Josua gebührt nur zweitrangige Anerkennung. Die Hauptschlacht wurde vom Heerführer der Engel und Seiner himmlischen Armee geschlagen.

Dieser Sieg ruft uns den „Sieg“ Joschafats über die Ammoniter und Moabiter in Erinnerung (**2 Chr 20**). Der Herr sagte ihm in einem prophetischen Wort, er müsse nicht kämpfen. Er selbst, der Herr, würde die Schlacht schlagen (**V. 15**). Alles was die Armee zu tun hatte, war, stillzustehen und zu glauben (**V. 17**). Das Volk zog mit Musikinstrumenten aus und begann, Gott im Angesicht seiner Feinde anzubeten (V. **21**). Sobald sie den Lobpreis begannen, brachte Gott einen übernatürlichen Sieg über ihre Feinde (**V. 22**).

Nicht das Volk leistete den entscheidenden Beitrag zur Schlacht. Wer die Schlacht wirklich schlug, war der Befehlshaber der Armee JHWHs zusammen mit Seinen Kampfengeln. Geistliche Kampfführung besteht nicht nur aus militärischer Strategie, noch ist das geistliche Verhalten losgelöst von militärischen Gegebenheiten. Geistliche Kampfführung besteht in der Verbindung zwischen den himmlischen und den irdischen Armeen. Unsere Gebete, Prophetien und Anbetung beeinflussen Engel, welche dann ihrerseits die militärische, wirtschaftliche und politische Lage um uns herum beeinflussen.[3]

Ein weiteres Beispiel göttlichen Eingreifens im militärischem Kampf sehen wir während des Angriffs des assyrischen Königs Sanherib auf Jerusalem. Israel ist zahlenmäßig stark unterlegen. Hiskia und Jesaja führen das Volk in eine Zeit des Gebets und Fastens. Die Wirkung wird wie folgt zusammengefasst:

> *Und Engel-JHWH zog aus und tötete im Lager Assyriens hundertfünfundachtzigtausend, und als sie am Morgen aufstanden, siehe lauter Tote* (Jes 37,36).

וַיֵּצֵא מַלְאַךְ יְהוָה, וַיַּכֶּה בְּמַחֲנֵה אַשּׁוּר, מֵאָה וּשְׁמֹנִים וַחֲמִשָּׁה אָלֶף וַיַּשְׁכִּימוּ
בַבֹּקֶר, וְהִנֵּה כֻלָּם פְּגָרִים מֵתִים:

Dies ist eine riesige Zahl – 185 000 Menschen in einer Nacht! Die Beschreibung gibt uns keine weiteren Einzelheiten. Waren weitere Engel daran beteiligt, oder war es nur einer? Wenn es nur einer war, war dies der göttliche Engel-JHWH, oder nicht? Wenn ja, war dieser tatsächlich Jeschua? 185 000 feindliche

[3] Aus diesem Grund verbringt unser Team an jedem Morgen beinahe zwei Stunden mit Gebets-, Prophetie- und Lobpreis-“Wachen“. Wir glauben, dass unser geistliches Verhalten die Welt um uns herum beeinflusst.

Soldaten in einer Nacht umzubringen, ist für uns schwer vereinbar mit dem Bild, das wir von Jeschua haben. Doch das Buch der Offenbarung beschreibt Kriege mit viel höheren Opferzahlen. Und dort ist Jeschua ohne Zweifel direkt beteiligt (**Offb 9,15-18; 19-20; 19,11-16**).[4]

Wenn wir von so großen Zahlen lesen, scheinen uns die Erfüllung der Prophetien in der Offenbarung unmöglich. Doch indem der islamische Dschihad um Millionen Mitglieder zunimmt und durch die bizarre Befürwortung des Dschihad durch die Medien und die Vereinten Nationen, scheint das Kommen eines weltweiten Holocaust in nicht so weit entfernter Zukunft nicht nur möglich, sondern unvermeidbar.

Bei der Eroberung des Landes Kanaan durch Josua und seine Generation leisteten der Engel-JHWH und sein Engelsheer die Hauptarbeit. Ihre Arbeit ging damit aber nicht zu Ende, sondern wurde in der Zeit der Richter fortgesetzt.

> *Und der Engel-JHWH zog hinauf von Gilgal nach Bochim und sagte: „Ich brachte euch hinauf aus Ägypten und brachte euch ins Land, wie ich es euren Vätern geschworen hatte. Und ich sagte, ich würde meinen Bund mit euch nie brechen ...“* (Ri 2,1).

וַיַּעַל מַלְאַךְ־יְהוָה מִן־הַגִּלְגָּל אֶל־הַבֹּכִים וַיֹּאמֶר אַעֲלֶה אֶתְכֶם מִמִּצְרַיִם, וָאָבִיא אֶתְכֶם אֶל־הָאָרֶץ, אֲשֶׁר נִשְׁבַּעְתִּי לַאֲבֹתֵיכֶם, וָאֹמַר לֹא־אָפֵר בְּרִיתִי אִתְּכֶם לְעוֹלָם׃

Allein in diesem einen Vers spricht der Engel fünfmal in der ersten Person als Gott. Das Wort „Engel“ מלאך – *mal'ach* kommt von einem arabischen Wort, welches die Bedeutung „senden“ hat. (Zur Bezeichnung „Apostel“, übersetzt: „Gesandter“, besteht kein großer Unterschied). Dieser Engel war von JHWH gesandt. Gleichzeitig spricht er als Gott in der ersten Person. Wie kann er von Gott gesandt und gleichzeitig göttlich

---

[4] Für die Gemeinde der Endzeit ist es wichtig, im Buch der Offenbarung den Zusammenhang zwischen den Kriegen der Trübsalszeit einerseits und Lobpreis und Anbetung andererseits zu erkennen. Diese Erkenntnis ist ein Schlüssel zum Verständnis dessen, was geistliche Kriegsführung bedeutet.

sein? Dies ist das Geheimnis dieses Wesens, dem wir durch das ganze Gesetz und die Propheten hindurch begegnen.

Diese duale Natur – von Gott gesandt und doch selbst Gott – entspricht genau der Beschreibung Jeschuas im Neuen Bund. Was diese Erkenntnis betrifft, sollte eine völlige Übereinstimmung zwischen den hebräischen Propheten der Vergangenheit und Christen von heute herrschen.

In diesem Abschnitt aus **Richter 2** behauptet der Engel, derjenige zu sein, der erstens einen Bund mit den Patriarchen schloss, zweitens Israel aus Ägypten führte, und drittens Israel ins Land Kanaan brachte. Um die eigentliche Bedeutung dieses Verses zu verstehen, versuchen wir, Jeschua ins Bild zu bringen. Jeschua war der göttliche Engel, der den Bund mit Abraham schloss, das Rote Meer teilte und die Schlacht um Jericho schlug. Diese Vorstellung ist sowohl für die christliche als auch für die jüdische Sichtweise der Bibel ziemlich erstaunlich.

Der Engel-JHWH erschien auch Gideon. Dieses Mal aber saß er einfach im Schatten unter einem Baum, anstatt mit Seinem gezogenen Schwert aufzutauchen. Dies geschah nahe dem Ort, an welchem Gideon das Korn drosch.

Und der Engel-JHWH erschien ihm und sagte zu ihm: „Gott ist mit dir, tüchtiger Kriegsheld.“ (Ri 6,12).

וַיֵּרָא אֵלָיו מַלְאַךְ יְהוָה וַיֹּאמֶר אֵלָיו, יְהוָה עִמְּךָ גִּבּוֹר הֶחָיִל:

Nicht irgendjemand nannte Gideon hier einen starken Soldaten, sondern der Oberbefehlshaber der Armeen JHWHs. Dieser fordert Gideon heraus, in die Schlacht gegen die Midianiter zu ziehen, und verspricht ihm, ihn auf diesem Feldzug zu begleiten (**V.16**).

Dann wandte sich JHWH ihm zu und sagte: „Geh in deiner Kraft und du wirst Israel retten von der Hand der Midianiter. Habe nicht ich dich gesandt?“ (Ri 6,14).

וַיִּפֶן אֵלָיו יְהוָה, וַיֹּאמֶר, לֵךְ בְּכֹחֲךָ זֶה, וְהוֹשַׁעְתָּ אֶת־יִשְׂרָאֵל מִכַּף מִדְיָן הֲלֹא שְׁלַחְתִּיךָ:

In diesem einen Kapitel wird der göttliche Botschafter siebenmal als „Engel“ bezeichnet (Verse 11, 12, 20, 21, 21, 22, 22). Direkt als JHWH bezeichnet wird er fünfmal (Verse 12, 14, 16, 22, 23) und als Adonai zweimal (Verse 15 und 22). Im ganzen Abschnitt spricht er in der ersten Person mit göttlicher Autorität. Wiederum ergibt sich die unausweichliche Folgerung, dass diese Person von Gott gesandt, aber gleichzeitig selbst Gott ist.

Als letztes Beispiel betrachten wir in diesem Teil die Begegnung mit Manoah und dessen Frau, den Eltern Samsons.

Und der Engel-JHWH erschien der Frau … (Ri 13,3).

...וַיֵּרָא מַלְאַךְ־יְהוָה אֶל־הָאִשָּׁה

Hier haben wir eine weitere Variante desselben Musters göttlicher Besuche. Der göttliche Botschafter erscheint zuerst Manoahs Frau und dann beim zweiten Mal den beiden. Er prophezeit die bevorstehende Geburt Samsons (dies erinnert uns an die Prophetie, welche Sarah in **1. Mose 18** vom gleichen Besucher erhielt).

Der Besucher wird fünfmal als Mann bezeichnet, zehnmal als Engel-JHWH und einmal als Gott (Elohim – **V.22**). Er wird nie einfach nur als „Engel“ bezeichnet. In **Vers 17** fragt ihn Manoah nach Seinem Namen und er verweigert die Antwort (ähnlich wie Seine Weigerung, in **1. Mose 32,29**, Jakobs gleiche Frage zu beantworten, indem er einfach sagt, Sein Name sei wunderbar (פלאי – Pelei). Dieses Wort „wunderbar“ ist dasselbe Wort, das in der Prophetie über den Namen des Messias in **Jesaja 9,5** verwendet wird.

Ähnlich wie in der Begegnung mit Gideon entschwindet der Engel-JHWH auf übernatürliche Weise, als die Flamme des Opfers aufsteigt (**Ri 6,21** und **13,20**). Als der Engel-JHWH geht, schreit Manoah auf, er habe Angst, sie würden sterben, weil sie Gott gesehen hätten (**V.22**). Dies deutet an, dass sie den Bericht über die Begegnung zwischen Moses und dem Engel-JHWH aus **2. Mose 33** kannten. Sie waren überzeugt, Gott gesehen zu haben.

Alle Begegnungen des Engel-JHWHs mit dem Volk Israel in der Zeit Josuas und der Richter entsprechen genau den Begegnungen, welche in der Thora beschrieben sind. Die zusätzliche Offenbarung in den Abschnitten dieses Kapitels, welche zuvor nicht vorkam, ist Seine Rolle als Befehlshaber der himmlischen Armeen und die Tatsache, dass er die Eroberung Kanaans geführt hatte.

Selbst wenn man dieses Engelwesen nicht als Jeschua erkennt, so ist es doch unbestreitbar, dass es sich bei diesem göttlichen Botschafter, der zugleich Gott, Engel und Mensch ist, um die zentrale Gestalt des Tanach handelt. Er war das Zentrum des Glaubens der israelitischen Propheten und Patriarchen.[5]

[5] Für eine ausführlichere Betrachtung dieser Gestalt im Volk Israel der Vergangenheit in der Textkritik, siehe Anhang 2, „Der göttliche Engel", von Solomon Intrater.

KAPITEL 9

Das Land einnehmen

In diesem Teil des Buches ist die **Position** Jeschuas die des Befehlshabers der Armeen JHWHs. Sein **Ziel** war es, das Land Kanaan einzunehmen. In diesem letzten Kapitel des 3. Teils möchte ich kurz auf den Grund der „Landeinnahme" eingehen.

Eines der wichtigsten Werte des jüdischen Volkes ist die Liebe für das Land Israel. Wir haben eine Offenbarung über das Land Israel, welche dem Großteil der christlichen Gemeinde unbekannt ist. Diese Offenbarung hat jedoch eine enorme Bedeutung für Christen auf der ganzen Welt und einen starken Einfluss darauf, wie Christen das Königreichs Gottes sehen.

Wenn Gott die Menschheit betrachtet, so sieht er eine Familie von Nationen. Jede ethnische Gruppe und jede Sprachgruppe ist eine eigene Familie (**Offb 7,9** und **17,15**). Gott liebt sie alle gleichermaßen. Israel ist die Erstgeborene unter den Nationen, hauptsächlich weil Abraham der erste Gläubige war, der seine Familie unter dem Bund gründete (**2 Mo 4,22; 1 Mo 18,19**).

Als Erstgeborene wird Israel zur „Musternation" für die Nationen der Welt. Was für sie gilt, gilt auch für alle anderen. Was Israel in der Bibel widerfährt, ist eine spezifische Geschichte in Zeit und Raum. Ihre Geschichte wird aber zu einem universalgültigen Muster für alle Nationen in ihrer eigenen geographischen Lage und geschichtlichen Entwicklung. [Es gibt ein rabbinisches Prinzip biblischer Interpretation, genannt „klal v'prat,

prat v'klal" – כלל ופרט, פרט וכלל. Allgemeingültiges wird Spezifisches, und Spezifisches wird Allgemeingültiges.]

Jede Nation der Welt hat den Auftrag erhalten, ihr Land in ihren eigenen Grenzen in Besitz zu nehmen, gemäß dem Beispiel des Volkes Israel.

> *Als der Höchste das Erbe der Nationen verteilte und die Menschheit unterteilte, legte Er die Grenzen der Völker gemäß der Anzahl der Söhne Israels fest* (5 Mo 32,8).

בְּהַנְחֵל עֶלְיוֹן גּוֹיִם, בְּהַפְרִידוֹ בְּנֵי אָדָם יַצֵּב גְּבֻלֹת עַמִּים, לְמִסְפַּר בְּנֵי יִשְׂרָאֵל׃

Das Prinzip, dass Gott jeder Nation ihr Siedulungsgebiet gibt, wird auch von Sha'ul (Paulus) in seiner Rede auf dem Marshügel wiederholt.

> *Und er hat aus einem Blut jede Nation der Menschen gemacht, um auf dem ganzen Erdboden zu wohnen, indem er verordnete Zeiten und die Grenzen ihrer Wohnung bestimmt hat* (Apg 17,26 ELB).

Israel ist das Muster für die Nationen. Gemäß diesem Muster erhält jede Nation ihr Erbe, ein Land, das es für sich selber einzunehmen gilt. Genauso wie Israel dazu berufen war, das verheißene Land einzunehmen, so ist die internationale Gemeinde dazu berufen, den Planeten Erde einzunehmen.

Die Bibel macht Aussagen in Bezug auf Gericht, Exil und Wiederherstellung, ähnlich wie es Israel erlebte, auch für andere Nationen, wie zum Beispiel Babylon (**Jer 12,15**), Moab (**Jer 48,47**), Ammon (**Jer 49,6**), Elam (**Jer 49,39**), Ägypten (**Hes 29,12-14**) und Äthiopien (**Amos 9,7**). Was Israel widerfuhr, ist auch auf die christliche Gemeinde anwendbar. Genauso wie Israel eine levitische Priesterschaft hatte, so gibt es eine Priesterschaft aller christlichen Gläubigen in ihren eigenen Nationen und Kulturen.

Ein Großteil der hebräischen Schriften befasst sich mit dem Auftrag der „Inbesitznahme" des Landes. Das allererste Wort, welches Gott an Abraham – den ersten Gläubigen und ersten „Israeliten" – richtet, ist, ins Land Israel zu ziehen und es im

Glauben in Besitz zu nehmen (vgl. **1 Mo 12,1**). Immer und immer wieder gibt Gott unseren Vorvätern ewige, unwiderrufbare Bundesverheißungen, in denen er ihnen das Land Israel als Erbe zusagt (vgl. **1 Mo 12,7; 13,15; 15,7; 24,7; 26,3; 28,4; 28,13; 35,12; 48,4**).[1]

Die Israeliten lebten als „Pilger" in diesem Land. Die Verheißungen des Landbesitzes hatten sich noch nie vollständig erfüllt, auch bis heute nicht. Doch diese fehlende vollständige Erfüllung hat die ewigen Absichten Gottes nicht verändert. Der Besitz des Landes ist eine Frage des Bundes und des Glaubens. Ein Teil der Verheißungen wird jetzt erfüllt werden und ein Teil erst im Tausendjährigen Reich.

> *Durch den Glauben wurde „Abraham" gehorsam, als er berufen wurde, in ein Land zu ziehen, das er erben sollte; und er zog aus und wusste nicht, wo er hinkäme. Durch den Glauben ist er ein Fremdling gewesen in dem verheißenen Lande wie in einem fremden und wohnte in Zelten mit Isaak und Jakob, den Miterben derselben Verheißung* (Hebr 11,8-9 LUT).

Als die Kinder Jakobs nach Ägypten ins Exil zogen, sehnten sie sich bereits danach, ins Verheißene Land zurückzukommen. Joseph musste Jakob versprechen, ihn dort zu begraben. Und die Söhne Josephs mussten ihm versprechen, bei ihrer Rückkehr seine Gebeine von Ägypten ins Verheißene Land mitzunehmen. Es war ihnen klar, dass ihre Nachkommen ins Land zurückkehren würden, ganz egal wie lange es bis dahin dauern würde. Schließlich hatte Gott einen unwiderruflichen Bund mit ihnen geschlossen. Ihr Eid, seine Gebeine dort zur endgültigen Ruhe zu legen, bewies ihren Glauben an die endgültige Erfüllung von Gottes Land-Verheißung zur Zeit der Auferstehung von den Toten.

Das Thema der Erfüllung des Königreichs Gottes auf Erden durch den Besitz des Landes Israel ist in den Schriften derart zentral, dass dieses Anliegen im Volk Gottes beinahe zu einer

---

[1] Für eine ausführlichere Betrachtung dieses Themas siehe unser Büchlein *„Israel – Was sagt die Bibel wirklich über das Land?"*, GloryWorld-Medien 2008.

Besessenheit wird. Mose führte das Volk Israel aus Ägypten, um es ins Verheißene Land zurückzubringen. Er hatte mit Gott eine heftige Diskussion, in welcher er Gott mit gebrochenem Herzen anflehte, ihn vor seinem Tod das Land betreten zu lassen (**5 Mo 3,23-27**).

Alle Richter und Generäle, Könige und Propheten kämpften für das Recht, im Land Israel bleiben zu können. Jeremia und Hesekiel, welche das Exil vorhersagten, prophezeiten auch die Rückkehr ins Land. Die nächste Welle der Inbesitznahme des Landes fand am Ende der Zeit des Alten Bundes statt, in den Büchern Esra und Nehemia. (Die Sehnsucht des jüdischen Volkes nach dem Verheißenen Land ist vergleichbar mit der Sehnsucht der Christen nach dem Himmel. Letztendlich müssen diese beiden Weltsichten zusammenkommen und eins werden, so wie Körper und Seele.)

In **Lukas 21,24** prophezeit Jeschua, dass die Kinder Israels „**fallen werden durch die Schärfe des Schwertes und gefangen weggeführt unter alle Völker.**" Jeschua verkündete dies im Jahr 33 n. Chr. Im Jahr 70 n. Chr. erfüllte sich diese Prophetie. Er sagte die Zerstörung Jerusalems voraus und das große Exil. Aber im selben Vers sagte Jeschua auch: „**Jerusalem wird zertreten werden von den Heiden, bis die Zeiten der Heiden erfüllt sind.**" Die Zerstörung und das Exil würden stattfinden „**bis**" zu einem bestimmten Zeitpunkt in der Zukunft.

Dies bedeutet ein Ende der Bestrafung und deshalb den Beginn einer darauffolgenden Wiederherstellung. Eines Tages würde die Stadt Jerusalem nicht mehr länger von den Heiden zertreten werden, was darauf hinweist, sie werde wieder von Juden bewohnt werden. Im Jahr 1967 wurde Jerusalem von den Juden zurückerobert. Diese Rückeroberung Jerusalems war der erste Schritt zur Erfüllung dieses Verses und vieler anderer Verse, die von Jerusalems Wiederherstellung sprechen.

In **Apostelgeschichte 1,6** fragten die Jünger Jeschua, ob er nun „das Reich für Israel wieder aufrichten" würde. Jeschuas Antwort war nicht „Nein", sondern er sagte ihnen, sie könnten den genauen Zeitpunkt dafür nicht wissen. Obwohl er sagte, dass das eigentliche Datum nicht bekannt sei, war Seine Aussage damit eine klare Bestätigung der tatsächlich kommenden Wiederherstellung. Die Nation Israel durchläuft einen Prozess der Zerstörung und der Wiederherstellung, der mit dem Tod und der Auferstehung Jeschuas vergleichbar ist.

Was bedeutet das für die internationale Gemeinde? Was für Abrahams leibliche Nachkommen gilt, gilt auch für Abrahams erweiterte geistliche Familie. Schlussendlich wird die internationale Gemeinde, gemeinsam mit dem gläubigen Überrest Israels, den Planeten Erde erben. Leider ist diese Tatsache ein Stolperstein und ein blinder Fleck für viele Christen.

Abraham war nicht nur dazu berufen, ein kleines Stückchen Land im Nahen Osten zu erben. Sein „Same" war berufen, den Planeten Erde zu erben – zurückzuerobern, was Adam an den Teufel verloren hatte.

> *Denn nicht durch das Gesetz erhielt Abraham und sein Same die Verheißung, dass er Erbe der Welt sein solle, sondern durch die Gerechtigkeit des Glaubens* (Röm 4,13).

Welche Verheißung erhielt Abraham? Was sollte er durch Glauben erben? Nicht nur die Rettung und eine Fahrt in den Himmel. Auch nicht alleine das kleine Land Kanaan. Er wurde berufen, die ganze Welt zu erben, und allen Grund und Boden darin. Wie sollte er dieses Erbe empfangen? Durch Glauben. Und wer sollte dieses Erbe mit ihm empfangen? Sein „Same", alle diejenigen, welche einen Glauben haben wie Abraham.

Abrahams geistliche Kinder sind diejenigen, welche an Jeschua als Messias glauben. Sie werden mit ihm gemeinsam erben, wenn sie Glauben haben wie er. Hast du Glauben, um diesen Planeten gemeinsam mit Abraham zu erben? Oder hat eine falsche Theologie (wie: „Du musst nur glauben, dann hast du eine Freifahrkarte in den Himmel.") dich dazu gebracht, nur die geistlichen Teile deines Erbes zu empfangen und nicht die irdischen?

Bitte verstehe mich nicht falsch. Ich glaube an alle himmlischen geistlichen Verheißungen, genauso wie es alle Christen tun. Aber ich glaube, dass es neben den himmlischen Verheißungen auch irdische gibt. Das Reich Gottes besteht in einer Harmonie des Irdischen und des Geistlichen. Empfangen wir nur den geistlichen Teil, ohne den irdischen, so ist dies nicht biblisches Christentum. Dies wäre eine christianisierte Form des Hinduismus. Wären alle Verheißungen Gottes nur himmlisch, warum brauchen wir dann einmal einen Auferstehungsleib? Du könntest dann, wenn du stirbst, auch ohne leibliche Auferstehung in den Himmel gehen. Die Verheißung eines Auferstehungsleibes setzt eine Wiederherstellung der Erde voraus.

> *Denn das sehnsüchtige Harren der Schöpfung wartet auf die Offenbarung der Söhne Gottes. Denn die Schöpfung ist der Nichtigkeit unterworfen worden – nicht freiwillig, sondern durch den, der sie unterworfen hat – auf Hoffnung hin, dass auch selbst die Schöpfung von der Knechtschaft der Vergänglichkeit frei gemacht werden wird zur Freiheit der Herrlichkeit der Kinder Gottes. Denn wir wissen, dass die ganze Schöpfung zusammen seufzt und zusammen in Geburtswehen liegt bis jetzt* (Röm 8,19-22 ELB).

Bitte lies diese Verse nochmals. Ich kann die Schöpfung beinahe seufzen hören, während du diese Offenbarung zu begreifen beginnst. Ein Teil von Gottes Rettungsplan beinhaltet auch den Planeten Erde. Gott wird durch Jeschua alles, was gestohlen wurde, wiederherstellen. Wir glauben an eine vollkommene Wiederherstellung. Nicht nur Israel wird wiederhergestellt („Stellst du in dieser Zeit für Israel das Reich wieder her?" – Apg 1,6 ELB; „Was wird ihre Annahme anderes sein?" – Röm 11,15 LUT), sondern alle in der Bibel verheißenen Dinge werden wiederhergestellt. („Elia kommt zwar und wird alle Dinge wiederherstellen" – Mt 17,11 ELB; „... bis zu den Zeiten der Wiederherstellung aller Dinge ..." – Apg 3,21 – ELB)

Diese totale Wiederherstellung beinhaltet alles, was die israelischen Propheten des ersten Bundes seit dem 1. Buch Moses vorhergesagt haben. Biblische Wiederherstellung beinhaltet die Regeneration des Planeten Erde.

Jesus antwortete: „Ich versichere euch: Wenn Gott die Welt erneuert und der Menschensohn auf seinem Herrscherthron Platz nimmt, dann werdet auch ihr, die ihr mir gefolgt seid, auf zwölf Thronen sitzen und über die zwölf Stämme Israels Gericht halten." (Mt 19,28 GNB).

Diese Erneuerung der Schöpfung nennt sich „Regeneration". Jeschua wird zurückkommen, um zu herrschen. Die Schöpfung wird wiederhergestellt. Die Gerechten, die Ihm treu gedient haben, werden mit Ihm auf diesem Planeten regieren. Diese Gerechten werden nicht einzig und allein aus den zwölf Stämmen Israels kommen (**Offb 7,4**), sondern eine unzählbare Menge aus allen Nationen, Stämmen, Völkern und Sprachen umfassen (**Offb 7,9**). Sicherlich möchtest du dabei sein.

Im jüdischen Denken kennen wir ein Konzept mit dem Namen *Tikkun Olam* – תיקון עולם, die Welt wiederherstellen bzw. instandsetzen. Dies ist ein biblisches Konzept und wird im jüdischen Gebetsbuch, in der Hymne „Aleinu" – עלינו – „Es obliegt uns" täglich gelesen. Das Gebet bittet um die Erfüllung der Hoffnung, dass Gott „die Welt im Königreich El Shaddais wieder instand setzt." Das Gebet aller wahrhaft an die Bibel Glaubenden sollte es ein, dass die Welt wiederhergestellt und instandgesetzt wird, gemäß Gottes Plan.[2]

Gottes Plan beinhaltet Himmel und Erde, nicht nur den Himmel. Er schuf am Anfang Himmel und Erde zusammen (**1 Mo 1,1**), und alles, was Gott erschaffen hatte, war „sehr gut" (**1 Mo 1,31**). Gott übergab dann die Erde in die Hand der Menschen (**Ps 115,16**). Aufgrund unserer Sünde haben wir natürlich alles zunichtegemacht. Doch in der Vergebung unserer Sünde besteht auch die Verheißung Gottes, zu erneuern und zu erlösen, was wir auf dieser Erde zerstört haben. Die Erde wird in einer neuen Schöpfung wiederhergestellt werden (**Jes 65,17; 2 Petr 3,5-12; Offb 21-22**).

---

[2] Für weiterführende Erklärungen siehe Anhang 7, „Die Wiederherstellung aller Dinge".

> *Selig sind, die da geistlich arm sind; denn ihrer ist das Himmelreich. Selig sind die Sanftmütigen; denn sie werden das Erdreich besitzen* (Mt 5,3.5).

Die Erde wird von den Heiligen, nicht den Sündern, in Besitz genommen werden. Jeschua wird zurückkommen. Satan wird entfernt werden. Die Gerechten werden auferstehen. Und die Sanftmütigen werden die Erde besitzen. Mit der letzten Aussage dehnt Jeschua die Bundesverheißung an Abraham auf alle geistlichen Kinder Abrahams aus.

Es sollte nicht unser Gebet sein, diesen Planeten zu verlassen (**Joh 17,15**). Wir haben gelernt zu beten, Gottes Wille möge hier auf Erden geschehen, wie im Himmel (**Mt 6,10**). Die letzte Phase des Planes Gottes ist es, alles, was im Himmel und auf Erden ist, in Einheit und Harmonie zu vereinen – und zwar durch Jeschua, den Messias (**Eph 1,10; Kol 1,16; Sach. 14,9**). Jeschua wurde alle Autorität gegeben, nicht nur im Himmel, sondern auch auf Erden (**Mt 28,18**). Unser Glaube sollte darauf ausgerichtet sein, die Herrschaft zu übernehmen, nicht davonzulaufen. Du bist berufen, die Erde zu besitzen.[3]

Weiter vorne habe ich erwähnte, dass das wichtigste Konstrukt, das ich in der hebräischen Grammatik gelernt habe, das zusammengefügte Hauptwort „S'michut" ist. Nun kommen wir zur wichtigsten Vokabel, die ich in Hebräisch je lernte: das Wort *aretz* – ארץ. Aretz hat **zwei** Bedeutungen. Die erste Bedeutung ist „das Land Israel", die zweite „der Planet Erde". Diese doppelte Bedeutung führt zu einer doppelten Erfüllung der Bundesverheißungen betreffend des „Landes".

Gelten die Verheißungen nur für das Land Israel oder gelten sie für die ganze Erde? Gelten sie nur für den Überrest Israels oder für die gesamte, wahre internationale Gemeinde? Die Antwort lautet: für beide. Was für die Patriarchen und Propheten im Land Israel gilt, gilt auch für die Gemeinde auf dem ganzen Planeten Erde.

---

[3] Für weiterführende Erklärungen siehe Anhang 8, „Himmel und Erde"

Dies ist eine tiefgründige Offenbarung. Du bist nicht nur ein körperloses Geistwesen. Du bist ein irdischer Wohnort Gottes. Du wurdest als dreidimensionales Wesen geschaffen: Körper, Seele und Geist. Gott schuf ein Universum, das Himmel und Erde enthält. Die Bundesverheißungen an Abraham, dass er das Land besitzen würde, gelten für alle wahren Gläubigen, egal in welchem Land sie leben. Dies gilt für unser gegenwärtiges Leben und für die kommende Welt.

In der Schlacht um Ziklag versprach Gott David, er werde alles, was er verloren hatte, wieder zurückbekommen (**1 Sam 30,8;18**). David glaubte daran und empfing es. Auch wir können heute das Herz Davids haben, alles zurückzugewinnen, was die Menschheit an die Sünde und an Satan verloren hat. Dies beinhaltet den ganzen Planeten Erde und was sie erfüllt (**Ps 24,1**). Wacht auf, ihr lieben Heiligen!

Das Land Israel gehört dem Volk Israel. Auch jede andere Nation hat ihr Land und ihren Boden erhalten. Bei der Auferstehung wird die Welt von den Sanftmütigen eines jeden Volkes in Besitz genommen werden. Die wahre Gemeinde ist die Erweiterung des wahren Überrests von Israel. Das Erbrecht des messianischen Überrests des Volkes Israel in Bezug auf das Land Israel entspricht dem Erbrecht des gerechten, christlichen Überrests jeder anderen Nation in Bezug auf ihr Land.

Genauso leidenschaftlich, wie das Volk Israel die Wiederherstellung des Landes Israel anstrebt, sollte jeder Christ in Bezug auf die Wiederherstellung seiner eigenen Nation, Israels und des Planeten Erde sein. Da die Verheißungen an die christliche Gemeinde eine Erweiterung der Verheißungen an Israel sind, und da Israel der „erstgeborene Sohn" der Familie der Nationen ist, müssen die Verheißungen in der Reihenfolge nach Israel erfüllt werden. Sind die Verheißungen über Erbe und Wiederherstellung für Israel nicht wahr, dann sind sie auch für die christliche Gemeinde nicht wahr.

Bei der Inbesitznahme des Landes Kanaan gab es zwei Arten des Erbes. Die eine war innerhalb der Grenzen des Landes, die andere außerhalb. Einige Stämme wählten ihr Erbe auf der anderen Seite des Jordans. In Gottes Augen war dies problemlos möglich – unter einer Bedingung. Sie mussten den Stämmen, welche ihr Erbe innerhalb Israels gewählt hatten, zuerst helfen, ihr Erbe in Besitz zu nehmen. Danach durften auch sie auf Grundlage des Bundes ihr Erbe einnehmen. (Bitte lies die ganze Erzählung in **4. Mose 32,20-30**). Diese Geschichte ist ein Muster, um die Beziehung zwischen Israel und der Gemeinde zu verstehen. Außerdem hilft sie uns, unseren gemeinsamen Bundesauftrag, den Planeten Erde in Besitz zu nehmen, zu begreifen.

Nun kehren wir nochmals zurück zum Thema des Engel-JHWHs im Buch Josua. Können wir erfassen, dass es Jeschua war, der vor mehr als 3000 Jahren die Eroberung des Landes anführte? Hier handelt es sich nicht um eine Frage von Kultur, Rassismus oder Politik. Jeschua hat die Eroberung angeführt, um die Grundlage für das Reich Gottes der Zukunft zu legen. Durch die Eroberung des Landes Kanaan erhob Jeschua Anspruch darauf, dass die Erde Gott gehört, dass Gottes Wille letzten Endes auf Erden wie im Himmel geschehen würde und dass der Planet den treuen Gläubigen als Bundeserbe übergeben werden würde.

Die Eroberung des Landes Kanaan war damals derart entscheidend für das Königreich Gottes, dass Jeschua selbst, als Engel-JHWH, den militärischen Angriff anführte, durch den das Land erobert wurde. Damit erfüllte er die erste Phase des Bundesversprechens an Abraham. Der Engel-JHWH verhieß das Land dem Abraham und seinen Nachkommen. Beinahe 1000 Jahre nach dieser Verheißung führte er die Kinder Israels an, als sie das Land in Besitz nahmen.

Dieser Standpunkt ist sowohl für die jüdische wie auch für die christliche Weltsicht eine Herausforderung. In der Verkörperung des Engel-JHWHs war Jeschua selbst der erste „Zionist". Ich spreche hier von Zionismus in seinem reinsten, biblischen Sinn, nämlich als der Rückführung des jüdischen Volkes ins Land Kanaan. (Ziel und Umfang dieses Buches lassen nicht zu, dass wir uns hier mit dem Zusammenhang zwischen dem heutigen politischen Staat Israel und den prophetischen Verheißungen der Wiederherstellung befassen.)

Gottes Absichten gehen weit über jene des Zionismus hinaus. Sein Endziel ist es, dass sich alle Kinder Gottes an der Erlösung dieses Planeten und allem, was darin ist, beteiligen und ihn für die ursprünglichen Absichten Gottes zurückfordern. Für dieses Ziel ist es wert zu kämpfen.

Jeschua erschien Josua bei Jericho mit Seinem gezogenen Schwert (Jos **5,13**). Aus geistlicher Sicht geht ein zweischneidiges Schwert aus Jeschuas Mund hervor (**Offb 1,16; 2,12; 19,15**). Der Kampf spielt sich teilweise auf militärischer Ebene, aber noch mehr in Worten (ganz besonders im Blick auf die moderne Telekommunikation) ab. Eigentlich war es damals schon so. Schon zur Zeit Josuas waren die Waffen mehr geistlich als irdisch (**2 Kor 10,3-5; Eph 6,10-19**).

In den jüngsten Kriegen und Auseinandersetzungen, sowohl im Libanon gegen die Hisbollah als auch in Gaza gegen die Hamas, waren Israels militärische Aktionen (meiner Meinung nach) moralisch gesehen gerechtfertigt. Die öffentliche Meinung wurde aber jedes Mal durch eine bizarre Berichterstattung in den Medien und die Propaganda des Dschihad verdreht. Der Kampf spielt sich nur zu einem Teil mit militärischen Waffen ab. Sowohl in der Vergangenheit als auch heute ist der Kampf in Wirklichkeit ein geistlicher, zwischen Wahrheit und Lüge.

Es ist an uns, den geistlichen Kampf, den Josua angefangen hat, weiterzuführen. Die geistliche Kampfführung ist wichtiger als die militärische. Wie es bei Josua war, so ist es bei uns: Der Engel-JHWH führte ihn im Kampf. Alles, was Josua zu tun hatte, war, sich diesem Heerführer zu unterstellen. Die Grundfrage lautet heute nicht nur, wer eigentlich Anrecht auf das Land Israels hat, sondern ob der Gott Israels die Besitzrechte an diesem ganzen Planeten innehat.

Ich verlange von dir nicht, in die Armee Israels einzutreten, doch bitte ich dich, über die geistliche Bedeutung des Buches Josua für uns heute zu beten. Wenn wir in Jeschua den Engel-JHWH-Heerführer sehen, welcher die Armee in der Eroberung des Landes Kanaan angeführt hat, so sehen wir das Königreich Gottes und die aktuelle, politische Situation in einem ganz anderen Licht.

Scheint es nicht etwas merkwürdig, dass linke Extremisten so oft die unterdrückenden, islamischen Regimes unterstützen? Wie ist das möglich? Die Antwort ist, dass in Wirklichkeit hinter den Kulissen ein geistlicher Kampf abläuft, ein Kampf, an dem Engel und dämonische Mächte und Gewalten beteiligt sind. Der eigentliche Kampf ist gegen die Autorität Gottes und die Herrschaft Seines Messias auf diesem Planeten gerichtet (**Ps 2,1-6**). Jeschua ist der Messias, das Haupt der internationalen Gemeinde und der König Israels.

Ganz am Anfang übergab Gott diesen Planeten an Adam. Adam überließ ihn Satan. Jeschua kam, um sowohl uns als auch unseren Planeten zu erlösen. Satan kämpft einen Kampf gegen den Verlust seiner Kontrolle über die Systeme der Welt auf dieser Erde. Gott sei Dank, Jeschua gewinnt. Satan wird beseitigt und für alle Ewigkeit bestraft werden. Die Zeit ist gekommen, dass die Gläubigen im Glauben feststehen.

> *Kein Mensch soll vor dir stehen können alle Tage deines Lebens. Wie ich mit Mose war, so werde ich mit dir sein. Ich werde dich nicht verlassen, noch von dir weichen. Sei stark und mutig, denn du wirst dieses Volk dazu führen, das Land zu erben, das ich ihren Vorvätern als Erbe versprochen habe* (Jos 1,5-6).

לֹא־יִתְיַצֵּב אִישׁ לְפָנֶיךָ, כֹּל יְמֵי חַיֶּיךָ כַּאֲשֶׁר הָיִיתִי עִם־מֹשֶׁה אֶהְיֶה עִמָּךְ, לֹא
אַרְפְּךָ וְלֹא אֶעֶזְבֶךָּ׃ חֲזַק וֶאֱמָץ כִּי אַתָּה, תַּנְחִיל אֶת־הָעָם הַזֶּה, אֶת־הָאָרֶץ
אֲשֶׁר־נִשְׁבַּעְתִּי לַאֲבוֹתָם לָתֵת לָהֶם׃

Ich möchte, dass diese Verse für dich heute lebendig werden. Versetze dich in den Abschnitt hinein. Er bezieht sich nicht nur auf das Land Kanaan von vor 3000 Jahren. Er spricht zu uns gerade jetzt und bezieht sich auf den ganzen Planeten Erde.

Der Heilige Geist betont in meinem Herzen immer wieder diese Worte an Josua: **„Du wirst bewirken, dass mein Volk das Land erbt.“** Kannst auch du diese Worte hören? Lasst uns den Auftrag annehmen und als **„Gottes Volk den Planeten Erde erben.“** Wir müssen stark sein durch das Wort Gottes und den Geist Gottes. Alle Mächte des Bösen stehen dem Anspruch Gottes, dass dieser Planet ihm gehört, entgegen. Doch Gott wird den Planeten den Bösen entreißen und ihn den Gerechten übergeben.

Jeschua ist Gottes Heerführer, der den Auftrag erhalten hat, diese Mission auszuführen. Du und ich sind seine Diener, seine Mitarbeiter. Was Jeschua vor 3000 Jahren für Josuas Generation getan hat, als sie das Land Kanaan in Besitz nahm, wird er für alle seine Heiligen tun, wenn sie bei seinem Zweiten Kommen den Planeten Erde in Besitz nehmen.

Die Namen Jeschua und Josua haben dieselbe Wurzel. Leider ist (im Englischen) der Name „Jeschua“ (bzw. „Jesus“) nicht so beliebt wie der Name „Joshua“. Jeschua erhielt Seinen Namen nämlich aus ZWEI Gründen. Erstens, weil er bedeutet „Gott wird retten“. Jeschua kam das erste Mal, um uns aus unseren Sünden zu retten (**Mt 1,21; 18,12; Lk 19,10**). Aber nicht nur das! Jeschua erhielt Seinen Namen noch aus einem zweiten Grund: Der Name sollte eine Assoziation zwischen Jesus (Jeschua) und Josua (Jehoschua) im Denken der Menschen erwecken. Jeschua wird bald wiederkommen, und zwar als Abbild Josuas.

Das Buch Josua beschreibt einen geschichtlich wahren Bericht. Es dient aber auch als prophetisches Gleichnis für die heutige Endzeit-Generation. Gerade so, wie der Engel-JHWH Josua bei der Eroberung des Landes zum Sieg führte, wird Jeschua die Kinder Gottes überall so führen, dass sie die Erde als ihr Erbe beanspruchen und das Land in Besitz nehmen. Die Gerechten werden die Erde in Besitz nehmen, gerade so, wie die Israeliten das Land Kanaan in Besitz genommen haben. Jeschua erhielt denselben Namen wie Josua, um uns zu zeigen, dass Jeschua bei Seiner Rückkehr den ganzen Planeten Erde in Besitz nehmen wird.

Teil 4

Die Propheten

In diesem Teil untersuchen wir, wie Gott den Propheten in Israel und im Exil erschien.

In diesem Zeitabschnitt entdecken wir die Fülle der Herrlichkeit Gottes. Wir sehen außerdem den Gott-Menschen in der Fülle dieser Herrlichkeit ...

Wir überlegen uns des Weiteren, warum das Offenbarwerden Gottes den Menschen gegenüber durch jemanden geschehen musste, der selbst Mensch war. Wir zeigen auf, wie die Autorität des Reiches Gottes von unserem himmlischen Vater auf den übertragen wurde, welcher der Menschensohn ist.

Kapitel 10

Wer sitzt auf dem Thron?

Eines der erstaunlichsten Beispiele der Erscheinung Gottes in Form eines Menschen finden wir in Hesekiel 1. In christlichen Kreisen ist diese Beschreibung als „Herrlichkeit des Herrn“ bekannt. In jüdischen Kreisen als „Der Wagen“. Die Konsequenzen dieses Abschnitts sind so „gefährlich“, dass es sogar eine rabbinische Warnung gegen das Lesen ebendieser Verse gibt.[1]

> *Und es geschah im dreißigsten Jahr, im vierten Monat, am fünften Tag des Monats, und ich war unter den Gefangenen am Fluss Chebar, als sich die Himmel öffneten und ich Erscheinungen Gottes sah* (Hes 1,1).

וַיְהִי בִּשְׁלֹשִׁים שָׁנָה, בָּרְבִיעִי בַּחֲמִשָּׁה לַחֹדֶשׁ, וַאֲנִי בְתוֹךְ־הַגּוֹלָה עַל־נְהַר־כְּבָר
נִפְתְּחוּ הַשָּׁמַיִם, וָאֶרְאֶה מַרְאוֹת אֱלֹהִים׃

So wie es Johannes im Buch der Offenbarung mehrmals widerfuhr, öffneten sich plötzlich die Himmel. Hesekiel sah Gott ungehindert. Der vollen Herrlichkeit Gottes auf solch ungehinderte Art ausgesetzt zu sein, hätte einen Menschen umbringen können, aber weil es eher eine Vision denn eine Visitation war, wurde Hesekiels Leben bewahrt.

---

[1] Im Babylonischen Talmud, Traktat „Hagiga“, Abschnitt 14, Seite B werden sogar Gelehrte davor gewarnt, diesen Abschnitt alleine zu lesen. Außerdem lesen wir dort die Geschichte von vier Rabbinern, welche Hesekiel 1 auf den Grund gegangen sind. Einer starb, der zweite wurde wahnsinnig, der dritte wurde Apostat (Christ). Nur Rabbi Akiva überlebte unbeschadet.

Hesekiel hatte eine offene Vision. Dies bedeutet, er hatte nicht nur einfach ein inneres Bild der geistlichen Welt. Die „Himmel öffneten“ sich. Bis zu jenem Zeitpunkt in der Geschichte Israels war dies die großartigste Vision der Herrlichkeit Gottes, die jemals jemand gehabt hatte. Große Teile der Schöpfung können wir nicht sehen. Hesekiel sah in diesen uns normalerweise unsichtbaren Teil hinein.

Die Schöpfung teilt sich in zwei Hälften bzw. zwei Dimensionen. Die eine ist sichtbar, die andere unsichtbar (**Kol 1,15-16**). Die Dimension, die wir nicht sehen können, ist geistlich. Diejenige, die wir sehen können, ist physisch. Und doch ist die geistliche Dimension genau so real, ja genau so körperlich wie die physische. Nur weil wir sie nicht sehen können, heißt das nicht, dass sie nicht existiert. Beide funktionieren nach physikalischen und geistlichen Gesetzmäßigkeiten. Die Schöpfung brachte beide Dimensionen hervor; die unsichtbare zuerst, die sichtbare ging von ihr und aus ihr hervor. (**Hebr 11,3**).

Nur weil wir die unsichtbare Welt nicht sehen können, heißt außerdem nicht, dass sie nicht gesehen werden kann. Für uns ist sie unsichtbar, aber nicht „un-sehbar“. Unter normalen Umständen müssten wir eigentlich fähig sein, beide Dimensionen zu sehen. Bevor Adam und Eva sündigten, konnten sie beide Dimensionen sehen. Als sie aber sündigten, wurde ihre Sicht begrenzt. Es war, als ob eine Schranke zwischen den sichtbaren und den unsichtbaren Teil gefallen wäre, welche uns daran hindert, die geistliche Dimension zu sehen.

Die Schranke zwischen dem Physischen und dem Geistlichen, zwischen dem Sichtbaren und dem Unsichtbaren, wird im Tempel durch den großen Vorhang symbolisiert (*parochet* auf Hebräisch – פרוכת). Dieser Vorhang wurde von Gott zerrissen, als Jeschua gekreuzigt wurde (**Mt 27,51**). Der Riss ist ein Sinnbild dafür, dass ein neuer Zugang geschaffen wurde, der aus der physischen Welt der Menschen in die geistliche Welt Gottes und der Engel führt.

Diese Schranke ist eigentlich mehr innerlich als äußerlich. Sie ist eine Begrenzung der menschlichen Augen, nicht so sehr der körperlichen als viel mehr der geistlichen Augen – der Augen des Herzens (**Eph 1,18**). Der Vorhang im Tempel entsprach dem Schleier über unseren Herzen. Wenn sich jemand im Glauben Jeschua zuwendet, so beginnt sich dieser Schleier zu lüften (**2 Kor. 3,16**). Bis jemand wiedergeboren ist, kann er die geistliche Welt (das Königreich Gottes) nicht sehen. Mit der Wiedergeburt aber entsteht die Möglichkeit, die Dinge des Geistes zu sehen und zu erkennen (**Joh 3,3**).

In der Zeit der hebräischen Propheten geschah es immer wieder, dass der Geist Gottes auf einen von ihnen kam und ihnen erlaubte, in jene geistliche Welt zu schauen. Dies wurde als Vision oder Offenbarung bezeichnet. Dies ist es, was Hesekiel sah. Eine Vision ist das momentane Erleben eines Menschen in der physischen Welt, der sieht, was in der geistlichen Welt vor sich geht. Man könnte diese Erfahrung mit jemandem vergleichen, der eine spezielle Brille erhält, mit welcher er infrarote oder ultraviolette Strahlen oder Radio- und Fernsehwellen sehen kann. Alle diese Elemente außerhalb unserer natürlichen Wahrnehmung waren schon längst vorher vorhanden. Im Moment eines besonderen „Schauens“ wären wir fähig, sie wahrzunehmen.

Das am längsten dauernde Erlebnis einer Offenbarung, das je einem Menschen zuteilwurde, war diejenige von Johannes (Jochanan). Wir nennen sie das „Buch der Offenbarung“. Seine Offenbarung war einfach eine ausführlichere und vollkommenere Schau derselben Szenen in der unsichtbaren Welt, welche bereits die Propheten in der Zeit des Alten Bundes erblickt hatten.

Die Gesetze von Zeit und Raum funktionieren im geistlichen Raum etwas anders, doch sie funktionieren noch immer nach den gleichen Gesetzmäßigkeiten. Die Quantenphysik funktioniert nach Gesetzen, welche dem Durchschnittsmenschen nicht bekannt sind. Nichtsdestotrotz existieren diese Gesetze und sie wirken sich genauso verlässlich aus wie das Gesetz der Schwerkraft. Das Gesetz der Relativitätstheorie, das Einstein entdeckte, zeigt, dass Zeit, Masse und Raum sich verändern, wenn die Lichtgeschwindigkeit erreicht wird.

Von Zeit zu Zeit hatten Menschen Einblick in die geistliche Dimension der Schöpfung. Umgekehrt gab es Momente, während denen Wesen aus jener Dimension für die unsere sichtbar wurden. Das Erste wird eine Vision genannt. Das Letztere eine Visitation. Engel sind Wesen aus der unsichtbaren Dimension.

> *Und ich schaute, siehe, ein Wirbelwind kam von Norden, eine große Wolke und sich selbst verzehrendes Feuer und Helligkeit rund herum. Und daraus hervor gingen wie elektrische Blitze inmitten des Feuers* (Hes 1,4).

> וָאֵרֶא וְהִנֵּה רוּחַ סְעָרָה בָּאָה מִן־הַצָּפוֹן, עָנָן גָּדוֹל וְאֵשׁ מִתְלַקַּחַת, וְנֹגַהּ לוֹ סָבִיב וּמִתּוֹכָהּ, כְּעֵין הַחַשְׁמַל מִתּוֹךְ הָאֵשׁ:

Dies war dieselbe machterfüllte Herrlichkeit, welche auf den Berg Sinai herabgekommen war und die ganze Umgebung erschütterte. Hesekiel beschreibt in der Fortsetzung vier furchteinflößende Gestalten mit Flügeln und mit Gesichtern eines Menschen, eines Löwen, eines Stiers und eines Adlers. Aus dem Wirbelwind schießen Blitze hervor. Er beschreibt Räder in Rädern. Alles zusammen gleicht einer riesigen Säule, welche vom Boden bis zum Himmel reicht.

Dieser Anblick ist wahrscheinlich am ehesten vergleichbar mit der pilzförmigen Wolke einer nuklearen Explosion. Hesekiel tat sein Bestes, diese gewaltige, einem nuklear-ähnlichen Ereignis gleichende Säule in den Worten zu beschreiben, die ihm vor 3000 Jahren zur Verfügung standen.

> *Und über den Häuptern der lebendigen Kreaturen war das Abbild des Firmaments in der Farbe eines gewaltigen Kristalls, über ihren Häuptern ausgebreitet* (Hes 1,22).

> וּדְמוּת עַל־רָאשֵׁי הַחַיָּה רָקִיעַ, כְּעֵין הַקֶּרַח הַנּוֹרָא נָטוּי עַל־רָאשֵׁיהֶם מִלְמָעְלָה:

Im ersten Buch Mose lesen wir, wie Gott Himmel und Erde mit einem Firmament dazwischen erschuf. Bis zu diesem Zeitpunkt hatte niemand dieses Firmament je gesehen. Die Wurzel für das Wort Firmament bedeutet „eine Oberfläche, auf der jemand stehen kann“. Gemäß Hesekiels Beschreibung gibt es eine geistliche Oberfläche, die relativ transparent ist, welche sich über unsere Köpfe erstreckt, wie die Decke einer unteren Wohnung, welche zum Fußboden der darüber liegenden Wohnung wird. Natürlich muss diese Oberfläche aus einem Material oder einer Energiesubstanz gemacht sein, welche wir hier auf der Erde nicht kennen.

Die „nukleare“ Säule der Herrlichkeit Gottes in Hesekiels Vision reichte von der Erde bis hinauf zu diesem Decken-Boden des Firmaments. All dies führte zu dem, was Hesekiel als Nächstes sah. Seine Augen wanderten in erstauntem Entsetzen aufwärts, als er diese Wolke der Herrlichkeit erblickte. Dann erreichten sie das Firmament. Da dieses Firmament durchsichtig ist, schaute er auf das, was sich über dem Firmament befand, über den Häuptern der gewaltigen Kreaturen.

Trotz der erschreckenden Aspekte dessen, was er in dieser Wolke der Herrlichkeit schon erblickt hatte, erlebte er erst jetzt den größten Schock.

> *Und über dem Firmament, welches über ihren Häuptern war, sah ich das Abbild eines Thrones, der Erscheinung nach wie ein Saphirstein, und auf dem Abbild des Thrones war das Abbild der Erscheinung eines Menschen* (Hes 1,26).

וּמִמַּעַל, לָרָקִיעַ אֲשֶׁר עַל־רֹאשָׁם, כְּמַרְאֵה אֶבֶן־סַפִּיר דְּמוּת כִּסֵּא וְעַל דְּמוּת הַכִּסֵּא, דְּמוּת כְּמַרְאֵה אָדָם עָלָיו מִלְמָעְלָה׃

Er sah einen Sitz. (Das hebräische Wort für Thronsitz ist dasselbe wie das Wort für Stuhl oder Sessel – כיסא.) Er sah also etwas wie einen Thronsitz, einen Stuhl, einen Ort, auf dem jemand sitzen könnte. Es handelte sich aber nicht um einen gewöhnlichen Thron. Es war ein strahlender, leuchtender, juwelenähnlicher Thron. Doch noch viel wichtiger war, was er auf diesem Sitz erblickte.

Auf dem Sitz sah er einen Menschen. Er sah „den Menschen“. Er sah ein übernatürliches Wesen, dem Abbild eines Menschen gleichend.[2]

Im Zentrum der Vision, auf einer nuklearen Wolke und einem strahlenden, juwelenähnlichen Thron, über den Cherubim und dem Firmament – sitzt ein Mensch oder, um genauer zu sein, ein Wesen nach dem Abbild eines Menschen.

> *Und ich sah von der Hüfte der Erscheinung her aufwärts und rundherum etwas wie die Erscheinung von Feuer und daraus hervorgehend elektrische Blitze. Und von der Hüfte der Erscheinung her abwärts sah ich die Erscheinung von Feuer und Helligkeit rundherum* (Hes 1,27).
>
> וָאֵרֶא כְּעֵין חַשְׁמַל, כְּמַרְאֵה־אֵשׁ בֵּית־לָהּ סָבִיב, מִמַּרְאֵה מָתְנָיו וּלְמָעְלָה
> וּמִמַּרְאֵה מָתְנָיו וּלְמַטָּה, רָאִיתִי כְּמַרְאֵה־אֵשׁ, וְנֹגַהּ לוֹ סָבִיב׃

In diesem Menschenabbild schießt Feuer und Elektrizität hin und her und kommt auch aus ihm hervor. In Vers 28 lesen wir zusätzlich von dem Abbild eines Regenbogens, welcher ihn umgab. Dieser Mensch ist das Zentrum und die Quelle aller Kraft. Hier sehen wir die Quelle der Energie, welche – mit Lichtgeschwindigkeit multipliziert – beim „Urknall“ der Schöpfung die Materie ins Dasein brachte.

Die Vision Hesekiels dieses von Nuklear-Energie gezeichneten Menschen auf dem Thron über dem Firmament gibt uns eine Idee davon, was sich in 1. Mose 1 in etwa abgespielt haben mag. Man bringe Hesekiel 1 mit 1. Mose 1 zusammen, mische etwas Quantenphysik und Einsteins Relativitätstheorie dazu und man erhält zumindest einen Hinweis darauf, wie die Schöpfung angefangen haben könnte.

Angesichts all der übernatürlichen Explosionen und Schrecken einflößenden Kreaturen können wir verstehen, warum

---

[2] Das Wort „Abbild“ auf Hebräisch ist das gleiche Wort wie „Ebenbild“. Es erinnert uns also sofort daran, dass der Mensch nach dem Ebenbild Gottes geschaffen ist. Hesekiel sagte, diese übernatürliche Gestalt habe wie das Abbild eines Menschen ausgesehen. Vielleicht könnten wir im Nachhinein sagen, dass wir nach dem Ebenbild dieses Menschen geschaffen wurden.

manche Rabbiner zögerten, dieses Kapitel zu studieren. Doch das wirkliche Problem sind nicht die sonderbaren Kreaturen oder die nukleare Wolke. Das wirkliche Problem ist dieser Mensch. Er ist das wirklich Umwerfende an dem Ganzen. Ihn wollten die Rabbiner verheimlichen.

Ein allmächtiger Gott in Form eines Menschen – das ist DIE Offenbarung. Die Vorstellung eines Gottes, der sich in der Form eines Menschen sichtbar macht, ist es, was so schockierend ist. Wenn Gott Abraham, Mose, Hesekiel und vielen unserer Propheten und Patriarchen in der Gestalt eines Menschen erschien, dann gibt es keinen Widerspruch zwischen dem Glauben unserer Vorväter und der Göttlichkeit des Messias.

Selbst wenn jemand diesen Gott-Menschen in Hesekiel 1 anders auslegen mag, so kann man aus biblischer Sicht die Wirklichkeit seiner Existenz doch nicht leugnen. Wenn der allmächtige Gott in der Form eines Menschen erscheint, dann gibt es keinen Grund, die Möglichkeit von Jeschuas Göttlichkeit von vorneherein abzulehnen. Das Konzept eines Gott-Menschen ist aus Sicht der Gesetzesbücher und der Propheten durchaus berechtigt.

Vereinfachen wir die moralische und logische Herausforderung, um die es geht. Das Gesetz und die Propheten datieren vor der Zeit des Neuen Bundes. Wenn der Neue Bund ein völlig neues Gottesbild enthielte, wäre der Neue Bund im Irrtum und nicht das Gesetz und die Propheten. Der Neue Bund stellt Yeschua als den „Sohn Gottes" vor. Der Begriff „Sohn Gottes" bedeutet, dass Gott sich der Menschheit in der Gestalt eines Menschen geoffenbart hat.

Wenn im Gesetz und den Propheten stehen würde, es gäbe keine Erscheinung Gottes in der Gestalt eines Menschen, dann wäre die Prämisse des Neuen Testamentes in ihrer grundlegendsten Behauptung ketzerisch. (Und genau darum sind viele ernstmeinende Rabbiner so wütend über uns messianische Juden. Sie haben das Gefühl, wir verkündeten eine ketzerische Sicht Gottes, indem wir von der Göttlichkeit Jeschuas sprechen.)

Wenn andrerseits das Gesetz und die Propheten die Erscheinung Gottes in Gestalt eines Menschen legitimieren und bestätigen, dann wird die Offenbarung Jeschuas im Neuen Bund zu einer plausiblen Option. Unserer Meinung nach ist sie sogar die logische und notwendige Folgerung der hebräischen Schriften. In dieser Untersuchung haben wir wiederholt bestätigt gefunden, dass ein göttliches Wesen in Gestalt eines Menschen der Mittelpunkt des Glaubens unserer Vorväter war. Diese Offenbarung führt vernünftiger- und logischerweise zum Glauben an Jeschua.

Die Bibel benutzt eine poetische und ästhetische Sprache. Ich habe diese göttlichen Erscheinungen als „Gott-Mensch-Engel" bezeichnet. Als wen könnten wir jemanden bezeichnen, der das Abbild des unsichtbaren Gottes in menschlicher Gestalt ist? Die einfachste und liebenswürdigste Weise, dies auszudrücken, ist das Wort: Sohn.

Im Judentum des Zweiten Tempels war die Vorstellung, dass der Messias Sohn Gottes genannt werden würde, selbstverständlich (**Ps 2,2 und 7**). Der Streitpunkt in den Evangelien drehte sich nicht darum, ob der Messias „Sohn Gottes" genannt werden könne, sondern ob Jeschua wirklich diese Person sei (**Mt 26,63; 27,40**).

Der Neue Bund nennt Jeschua den Sohn Gottes. Hierbei geht es nicht um eine Ehe, aus der ein Sohn hervorgegangen wäre, sondern darum, dass Jeschua der Gott-Mensch-Engel ist, welcher unseren Vorvätern erschien. Er ist das menschlich sichtbare Abbild des unsichtbaren Gottes. Er ist „Ben Elohim", der Sohn, welcher vom Vater ausgegangen ist und den Menschen den Vater offenbart hat.

> *Niemand hat Gott je gesehen; der Eingeborene, der Gott ist und in des Vaters Schoß ist, der hat ihn uns verkündigt.* (Joh 1,18 LUT).

Was auch immer unser begrenztes Auffassungsvermögen über Gott erkennen kann, es muss uns in einer Form geoffenbart werden, die wir begreifen können. Alles, was über Gott erkennbar ist, findet sich in Jeschua. Er macht Gott erkennbar. Wir können Gott nicht sehen. Doch können wir Gott durch den Sohn Gottes kennen. Er ist Seine Manifestation in menschlicher Gestalt (**Kol 1,15; 1 Tim 3,16; Hebr 1,3**).

Hesekiel beschreibt die Einzelheiten dessen, was er sah, in Hesekiel 1. Doch blieb das nicht das einzige Mal, dass er den Herrn sah. Sein Buch hält fünf solcher Begegnungen fest, in welchen Hesekiel ihn in seiner Herrlichkeit sah! (In den vier anderen Berichten gibt Hesekiel nicht so viele Einzelheiten dessen wieder, was er gesehen hatte, da er in Kapitel 1 schon alles beschrieben hatte.) Im Folgenden ein kurzer Ausschnitt von jeder dieser Begegnungen:

Auf dem Abbild des Thrones war die Erscheinung eines Abbildes eines Menschen (Hes 1,26).

עַל דְּמוּת הַכִּסֵּא, דְּמוּת כְּמַרְאֵה אָדָם

Die Herrlichkeit Jahwes stand dort wie die Herrlichkeit, die ich am Fluss Kebar gesehen hatte, und ich fiel auf mein Angesicht (Hes 3,23).

כְּבוֹד־יְהוָה עֹמֵד, כַּכָּבוֹד אֲשֶׁר רָאִיתִי עַל־נְהַר־כְּבָר וָאֶפֹּל עַל־פָּנָי:

Und ich sah, siehe, ein Abbild, wie die Erscheinung von Feuer, von der Erscheinung seiner Hüften abwärts Feuer, und von seinen Hüften her aufwärts die Erscheinung von funkelnder Strahlkraft, wie Strom. Und er streckte die Form einer Hand aus … (Hes 8,2-3).

וָאֶרְאֶה, וְהִנֵּה דְמוּת כְּמַרְאֵה־אֵשׁ, מִמַּרְאֵה מָתְנָיו וּלְמַטָּה אֵשׁ וּמִמָּתְנָיו
וּלְמַעְלָה, כְּמַרְאֵה־זֹהַר כְּעֵין הַחַשְׁמַלָה: וַיִּשְׁלַח תַּבְנִית יָד...

Und ich sah, siehe, über dem Firmament, welches über den Häuptern der Cherubim war, erschien etwas wie ein Saphirstein, der wie das Abbild eines Throns aussah. Dann sprach er … (Hes 10,1-2).

וָאֶרְאֶה, וְהִנֵּה אֶל־הָרָקִיעַ אֲשֶׁר עַל־רֹאשׁ הַכְּרֻבִים, כְּאֶבֶן סַפִּיר, כְּמַרְאֵה דְּמוּת
כִּסֵּא נִרְאָה עֲלֵיהֶם: וַיֹּאמֶר...

Und siehe, die Herrlichkeit des Gottes Israels kam ... wie die Vision, welche ich am Fluss Kebar gesehen hatte, und ich fiel auf mein Angesicht ... Und ich hörte ihn zu mir sprechen ... und er sagte: „Menschensohn, dies ist der Ort meines Thrones und die Stätte meiner Fußsohlen ...“ (Hes 43,2;3;6-7).

וְהִנֵּה, כְּבוֹד אֱלֹהֵי יִשְׂרָאֵל, בָּא... כַּמַּרְאֶה אֲשֶׁר רָאִיתִי אֶל־נְהַר־כְּבָר וָאֶפֹּל
אֶל־פָּנָי... וָאֶשְׁמַע מִדַּבֵּר אֵלַי... וַיֹּאמֶר אֵלַי, בֶּן־אָדָם אֶת־מְקוֹם כִּסְאִי,
וְאֶת־מְקוֹם כַּפּוֹת רַגְלַי...

Meist verlor Hesekiel während dieser Visionen das Bewusstsein. Der Herr musste ihn stärken. Hätte der Herr ihn nicht übernatürlich beschützt, wäre er vielleicht sogar gestorben. In all diesen Visionen sollten wir der Erwähnung des Thronsitzes, des menschenähnlichen Körpers, der ausgestreckten Hand und anderer Einzelheiten Beachtung schenken. Sie waren Wiederholungen der gleichen Herrlichkeit und desselben Gott-Menschen, den Hesekiel in Kapitel 1 gesehen hatte.

Kapitel 11

Meine Augen haben den König gesehen

Auch Jesaja hatte die Gelegenheit, Gott in der Form eines Menschen auf einem Thronsitz bzw. Thron sitzend zu sehen. (Er nannte ihn „Adonai“, die Pluralform von „Herr“, welche normalerweise nur zur Bezeichnung Gottes benutzt wird.)

Im Jahr, da König Usija starb, sah ich Adonai auf einem Thron sitzend, hoch und erhaben und die Säume Seines Gewandes füllten den Tempel (Jes 6,1).

בִּשְׁנַת־מוֹת הַמֶּלֶךְ עֻזִּיָּהוּ, וָאֶרְאֶה אֶת־אֲדֹנָי יֹשֵׁב עַל־כִּסֵּא רָם וְנִשָּׂא וְשׁוּלָיו
מְלֵאִים אֶת־הַהֵיכָל:

Auch Jesaja sah übernatürliche, geflügelte, himmlische Kreaturen, die hier Serafim anstatt Cherubim genannt werden. Sie riefen aus: „Heilig, heilig, heilig ...“ Dieser Moment heiliger Anbetung wurde zum Modell sowohl für christlichen wie auch für jüdischen Lobpreis. In der jüdischen Welt wird er die *K'duscha* – קדושה genannt.

Jesajas unmittelbare Reaktion der Buße, des Glaubens, der Demut hat die Herzen von uns allen berührt. Im Gegensatz zur Heiligkeit dessen, was er sieht, ist sich Jesaja seiner eigenen Unwürdigkeit bewusst.

Wehe mir ... denn meine Augen haben den König, den Herrn der Heerscharen, gesehen (Jes 6,5).

אוֹי־לִי... כִּי, אֶת־הַמֶּלֶךְ יְהוָה צְבָאוֹת רָאוּ עֵינָי׃

Es ist nachvollziehbar, hier die Frage zu stellen, ob der Gott-Mensch, den Jesaja sah, Gott „Vater" oder Gott „Sohn" war. Bis zu einem gewissen Ausmaß sind beide Antworten möglich. Der Hauptzweck unseres Buches ist der Nachweis, dass sowohl im Gesetz wie auch in den Propheten der Gott Israels in menschenähnlicher Form erscheint.

Betrachten wir diese Frage aber dennoch etwas gründlicher. Im Neuen Bund erwähnt Johannes Jesajas Vision verschiedentlich. In seinen Schriften gibt es Hinweise, die anzudeuten scheinen, dass Jesaja den himmlischen Vater gesehen hat, doch die Mehrheit der Verweise deutet darauf hin, dass es sich um Jeschua, den messianischen König, gehandelt haben muss.

Offenbarung 4 beschreibt einen Moment himmlischen Lobpreises, der aus einer Kombination der Elemente aus Hesekiel 1 und Jesaja 6 besteht. Johannes beschreibt die vier lebendigen Kreaturen, ein kristallenes Firmament und die flammende Herrlichkeit fast genauso, wie Hesekiel sie beschrieben hatte (**Offb 4,3-8**). Er beschreibt den „Heilig, Heilig, Heilig"-Lobpreis, genauso wie Jesaja ihn beschrieben hatte (**Offb 4,8-9**). Er beschreibt den Thron und den, der darauf saß so, wie Ihn Hesekiel und Jesaja beschrieben hatten (**Offb 4,2-3**). Jesaja, Hesekiel und Johannes – alle erblickten Teile derselben himmlischen Realität.

In Offenbarung 4 wird der himmlische Vater angebetet, was eine starke Andeutung dafür ist, dass auch Jesaja 6 und Hesekiel 1 Visionen des himmlischen Vaters waren. Im Buch der Offenbarung finden wir Jeschua aber auch auf dem Thron sitzen oder stehen.

> *... wie auch ich überwunden und mich mit meinem Vater auf Seinen Thron gesetzt habe* (Offb 3,21 ELB).

> *Und ich sah inmitten des Thrones und der vier lebendigen Wesen und inmitten der Ältesten ein Lamm stehen wie geschlachtet ...* (Offb 5,6 ELB).

> *... denn das Lamm mitten auf dem Thron ...* (Offb 7,17).
>
> *... der ausgeht von dem Thron Gottes und des Lammes* (Offb 22,1).
>
> *Und der Thron Gottes und des Lammes wird in der Stadt sein* (Offb 22,3).

In allen diesen Abschnitten befindet sich Jeschua im Zentrum oder der Mitte des Thrones. (Das Wort für „Mitte" in diesen Versen ist das griechische Wort „meso", welches auch in Wörtern wie Mezzanin oder Mesopotamien vorkommt.) In königlichen Thronsälen war genug Platz, dass mehr als eine Person sitzen konnte. [Wir sehen dies zum Beispiel, als Bat Sheva neben Salomo auf dem Thron saß (**1 Kö 2,19**, vgl. auch **Psalm 45,10**).] Aufgrund der Stellenverweise im Buch der Offenbarung könnte der Abschnitt aus Jesaja 6 daher sowohl den Vater als auch den Sohn beschreiben.[1]

Einen weiteren wichtigen Verweis auf Jesajas Vision sehen wir in **Johannes 12,37-40**, wo Johannes einen Konflikt zwischen Jeschua und den religiösen Führern beschreibt. Während dieser Beschreibung zitiert Johannes Jesaja 6. Dann macht er eine kurze, aber sehr gezielte Bemerkung:

> *Das hat Jesaja gesagt, weil er seine Herrlichkeit sah und redete von ihm* (Joh 12,41 LUT).

Dieser Vers ist schockierend. Johannes sagt hier ohne Umschweife, Jesaja habe Jeschua in verherrlichter Form gesehen, nicht den himmlischen Vater. Sehen wir Jeschua als den verherrlichten König in Jesaja 6, verändert sich unsere Ansicht über Jesajas Vision vom Königreich Gottes auf Erden grundlegend.

---

[1] Hesekiel und Jesaja beschreiben den Gott-Menschen auf einem Thron. **1. Könige 10,18-21** beschreibt den Bau des Thrones Salomos. Er scheint eine Kopie des himmlischen Throns zu sein, so wie der irdische Tempel eine Nachbildung des himmlischen Tempels ist (**2 Mo 25,9.40**). Es gibt einen irdischen Thron und einen himmlischen Thron. Es ist Gottes Wille, dass derjenige, der auf dem himmlischen Thron sitzt, auch auf dem irdischen Thron regiert.

Der dritte Grund anzunehmen, dass Jesajas Vision Jeschua beschrieb und nicht den Vater, ist der Vers, den wir schon zuvor zitierten:

> *Niemand hat Gott je gesehen; der Eingeborene, der Gott ist und in des Vaters Schoss ist, der hat ihn uns verkündigt* (Joh 1,18 LUT).

Niemand hat Gott je gesehen. Wen haben sie denn gesehen? Sie sahen Jeschua, den Sohn, der den Menschen Gott offenbarte. Johannes' Aussage in diesem Vers ist ein allgemeines Prinzip zur Interpretation des Gesetzes und der Propheten. Unsere Vorväter sahen nicht den himmlischen Vater. Wen sie sahen, war Jeschua.

Als Adam und Eva im Garten Eden sündigten, sagt die Bibel, hätten sie ihre Nacktheit plötzlich „erkannt“. Diese Erkenntnis bedeutete nicht eine **Zunahme** ihrer Sehfähigkeit, sondern im Gegenteil eine **Abnahme**. In diesem Moment konnten sie sinnliche Dinge sehen, verloren aber ihre Fähigkeit das Geistliche zu sehen. Dies war keine Kurzsichtigkeit, sondern ein schrecklicher Fall in geistliche Blindheit. Von diesem Moment an konnten sie eine ganze Dimension der Realität nicht mehr wahrnehmen.

Vom Moment des Sündenfalls an gab es keinen eigentlichen Grund mehr, warum die Menschen den Vater hätten sehen müssen. Sowohl das Gericht wie auch die Beziehung zu den Menschen wurden in die Hand des Sohnes übergeben (**Joh 5,22**), bis der Erlösungsplan erfüllt sein würde. Gott ist der Vater, aber Jeschua ist der Retter. Niemand kommt zum Vater als nur durch Ihn (**Joh 14,6**). Der einzige Weg, Gott zu sehen, ist allein durch Jeschua (**Joh 14,9**).

Es gibt noch einen weiteren wichtigen Aspekt in Jesajas Aussage: **„Wehe mir ... denn meine Augen haben den König, den Herrn der Heerscharen, gesehen“ (Jes 6,5).**

וָאֹמַר אוֹי־לִי כִי־נִדְמֵיתִי... כִּי, אֶת־הַמֶּלֶךְ יְהוָה צְבָאוֹת רָאוּ עֵינָי׃

Die Frage betrifft das Wort „König“. Die Rolle des göttlichen Königs, der auf Erden regiert und die Vorstellung des Königreichs

Gottes hier auf Erden sind das zentrale Thema aller Prophetien im Buch Jesaja. Die Offenbarung des verherrlichten Königs in Jesaja 6 ist ein Wendepunkt, um sowohl das Buch Jesaja als auch den Gedanken des Königreiches Gottes zu verstehen.

Sah Jesaja eine Vision von Gott im Himmel? Oder sah er einen verherrlichten König, der eines Tages auf der Erde auf dem Thron Davids regieren würde? Letztlich geht es um die Frage, ob es ein irdisches messianisches Königreich geben wird oder ob wir das ewige Leben nur als geistliche Wesen irgendwo im Himmel verbringen werden. Wird es ein tatsächliches Tausendjähriges Reich geben oder ist dies nur bildlich zu verstehen?

Im Hebräischen sind sich Nomen und Verben sehr ähnlich. Ein Regierender ist einer, der regiert, ein König ist einer, der „königt", das heißt, er führt die Regierung. Jeschua ist von Gott nicht nur zum Retter der Menschheit bestimmt, sondern auch dazu, der Herrscher der Menschheit zu sein.

In der kommenden Welt wird es eine Gemeinschaft von internationalem Frieden und Wohlstand geben (**Jes 2; Micha 4**). Es wird eine Regierung geben, welche diese Gemeinschaft regiert, und der Messias wird dieser Regierung vorstehen. Diejenigen, welche in diesem Leben in Verlässlichkeit und Gerechtigkeit gelebt haben, werden in dieser zukünftigen Regierung mit dem Messias gemeinsam regieren und herrschen (**Offb 3,21; 5,10; 20,4; 20,6; Röm 8,17; Mt 19,28**).

Im modernen Staat Israel gibt es einen Präsidenten und einen Premierminister. Politisch gesehen steht der Präsident höher als der Premierminister, aber es ist der Premierminister, welcher das Land führt. Der Präsident nimmt im Namen der Nation alle diplomatischen Ehrungen entgegen, doch ist ihm nicht erlaubt, die Regierung zu führen.

Unser Himmlischer Vater ist größer als Jeschua. Jeschua steht unter ihm. Ihre Stellenbeschreibungen sind verschieden, obwohl sie gemeinsam und in Einheit arbeiten. Jeschua ist vergleichbar mit dem Premierminister, welcher die Regierung des Königreichs Gottes führt. Das Königreich gehört dem Vater (**Mt 6,10**), doch auf der Erde ist Jeschua der König. Er ist der eigentliche Regent. Der Vater gleicht mehr einem Präsidenten. Es ist nicht falsch, Gott Vater als König zu bezeichnen, aber die Mehrheit der Verse im Neuen Bund, welche vom „König" sprechen, beziehen sich nicht auf den Vater, sondern auf Jeschua. Dies ist sehr wichtig.

Jeschua erzählte in **Matthäus 22** ein Gleichnis, in welchem der Vater der König ist. Auch Paulus bezeichnet den Vater als den „König, den Unvergänglichen und Unsichtbaren" (**1 Tim 1,17; 6,15**). Doch nahezu alle anderen Hinweise auf den göttlichen König im Neuen Bund beziehen sich ausdrücklich auf Jeschua:

- Jeschua sagte zu Pilatus, dass Er zum König geboren worden sei (**Joh 18,37**)
- Die Weisen aus dem Morgenland suchten den neugeborenen König der Juden (**Mt 2,2**)
- Jeschua ist der Nachkomme König Davids (**Mt 1,1**)
- Jerusalem ist Seine Hauptstadt, die Stadt des großen Königs (**Mt 5,35**)
- Jeschua ist der König, der auf einem Esel reitend in Zion einzog (**Mt 21,5**)
- Jeschua wurde als König der Juden gekreuzigt (**Mt 27,37**)
- Nathanael erkannte ihn als König Israels (**Joh 1,49)**
- Jeschua wurde empfangen mit Zurufen von „Hosanna, der König Israels" (**Joh 12,13**)
- Jeschua ist der König der Heiligen (**Offb 15,3**)
- Er ist der Herr der Herren und der König der Könige (**Offb 17,14; 19,16**).

Was meinte Jesaja, als er sagte, er habe den König gesehen? Der Zusammenhang ist hier sehr wichtig. Dieser Abschnitt ist eine Reaktion auf den Tod Usijas, den damaligen König von Juda. Nach Usijas Tod hatte Jesaja eine Vision, in der er einen anderen König sah, der eines Tages Usija ersetzen würde. Dieser König würde größer und herrlicher sein als Usija und wird Usija vergleichend gegenübergestellt.

Usija war ein direkter Nachfahre Davids. Daher ist Jeschua auch ein Nachfahre Usijas. Jeschua kam, um Usija für die Ewigkeit zu ersetzen. Jeschuas Königreich ist die geistliche Fortsetzung der Königreiche von David und Usija. Das zentrale Thema von Jesajas Prophetien war das Königreich Gottes auf Erden und das baldige Kommen des Königs dieses Königreiches.

Die Vision von Jeschua in **Jesaja 6**, der hoch erhoben in Herrlichkeit ist, bildet außerdem einen Kontrast zum dem, welcher als der leidende Diener in Jesaja 52-53 hoch erhoben wird.

Siehe, mein Diener wird seine Aufgabe erfüllen; er wird hoch erhoben werden und sehr erhöht (Jes 52,13).

הִנֵּה יַשְׂכִּיל עַבְדִּי יָרוּם וְנִשָּׂא וְגָבַהּ מְאֹד׃

Die Erhöhung in **Jesaja 6** muss als Kontrast zur Erhöhung des königlichen Messias in seinem Leiden (**Jes 52-53**) verstanden werden. Derjenige, der im Leiden erhöht wird, wird auch in Herrlichkeit erhöht werden. Der Verherrlichte ist auch der Leidende (**Jes 57,15**).

Der König der Herrlichkeit aus **Jesaja 6** wird das Königreich Gottes auf Erden bringen. Jeschua ist dieser König der Herrlichkeit. Er litt für unsere Sünde. Er wird uns retten und Gottes Königreich aufrichten. Er wird uns Gottes Wesen offenbaren. Er wird auf dieser Erde regieren und herrschen. Dies ist die Hoffnung, welche von der Vision des Königs in Jesaja 6 ausgeht.

Jesajas Vision vom erhabenen König in Jesaja 6 ist Teil der Prophetien durch das ganze Buch Jesaja hindurch, welche Jeschua und das Kommen seines messianischen Königreichs beschreiben. Wenn wir Jesaja 6 als Vision des Vaters sehen, verpassen wir völlig den ganzen Sinn, Zweck und Zusammenhang des Buches Jesaja.

Jesaja beginnt in Kapitel 2 mit einer Vision des Königreiches Gottes auf Erden. In dieser Vision aber sieht er keinen König. Jesaja 2 beschreibt ein Königreich ohne König. Jesaja 6 beschreibt einen König ohne Königreich. Der König von Jesaja 6 gehört zum Königreich von Kapitel 2.

Sowohl Jesaja 7 als auch Jesaja 9 sprechen von der Geburt eines übernatürlichen Knaben, welcher königlich und göttlich sein wird. In diesen Prophetien sehen wir ihn aber nie als Erwachsenen. Der Jeschua in Kapitel 6 ist der erwachsen gewordene Junge aus der Verheißung in den Kapiteln 7 und 9. Jesaja 6 ergänzt Jesaja 7 und 9.

Jesaja 40 (und viele andere Kapitel) verkündet die gute Nachricht von einem kommenden Messias und seinem Königreich.

Steige auf einen hohen Berg, du, der du Zion die frohe Botschaft verkündest. Erhebe deine Stimme mit Kraft, du, der du Jerusalem die frohe Botschaft verkündest. Erhebe deine Stimme, fürchte dich nicht, sage zu den Städten Judas: „Siehe, dein Gott.“ (Jes 40,9).

עַ֣ל הַר־גָּבֹ֤הַ עֲלִי־לָךְ֙ מְבַשֶּׂ֣רֶת צִיּ֔וֹן הָרִ֤ימִי בַכֹּ֙חַ֙ קוֹלֵ֔ךְ מְבַשֶּׂ֖רֶת יְרוּשָׁלָ֑͏ִם הָרִ֙ימִי֙
אַל־תִּירָ֔אִי אִמְרִי֙ לְעָרֵ֣י יְהוּדָ֔ה הִנֵּ֖ה אֱלֹהֵיכֶֽם׃

Jesaja 6 ist die Vision des „König, der Gott ist“. Juda wird hier aufgefordert, auf ihn zu schauen. Er ist der König, den Jesaja sah. Er ist der göttliche König, über den wir hier schreiben. Jesaja 6 gehört zu Jesaja 40. Die beiden Kapitel ergänzen einander.[2]

Jesaja 52 und 53 sprechen, wie schon oben erwähnt, vom Leiden und der Kreuzigung des Messias. Der Verherrlichte aus Jesaja 6 ist der Gekreuzigte aus Jesaja 53. Der Gekreuzigte aus Jesaja 53 ist der Verherrlichte aus Jesaja 6.

„Musste denn der Messias nicht das alles erleiden, um zu seiner Herrlichkeit zu gelangen?“ (Lk 24,26 NGÜ).

Der Messias musste leiden UND in seine Herrlichkeit eingehen. Jesaja 53 muss im Licht von Jesaja 6 gesehen werden. Die beiden Kapitel gehören zusammen.

---

[2] Während ich diese Worte schreibe, sitze ich auf dem Hügel eines Vorortes von Jerusalem. Der Name dieses Ortes heißt „Der Zion die frohe Botschaft verkündet“. Von hier aus schreiben wir über Jesaja 6 und Jesaja 40 und verkünden Juda: „Dieser verherrlichte König ist dein Gott. Er heißt Jeschua.“

Jesaja 65–66 sprechen von der Erneuerung Zions in der neuen Schöpfung. Diese Erneuerung aus Jesaja 65–66 findet statt im Königreich von Jesaja 2. Angeführt wird sie vom König aus Jesaja 6, welcher in Jesaja 53 gekreuzigt wird. Wenn wir den Hocherhabenen aus Jesaja 6 nicht als Jeschua sehen, verfehlen wir den Gedankenfluss, der sich durch alle Prophetien Jesajas hindurchzieht.

Diese Gedankenfolge von Jesajas Königreichs-Prophetien lässt sich wie folgt zusammenfassen:

Jesaja 2	Das Königreich auf Erden mit seiner Hauptstadt Jerusalem
Jesaja 6	Der verherrlichte messianische König dieses Königreichs
Jesaja 7 und 9	Der göttliche Knabe, der einmal der messianische König sein wird
Jesaja 35 und 40	Die frohe Botschaft dieses kommenden Königreichs wird verkündet.
Jesaja 42 und 49	Die frohe Botschaft wird in allen Nationen der Welt verkündet.
Jesaja 52–53	Der messianische König leidet, damit die Sünde beseitigt wird.
Jesaja 65–66	Die Schöpfung wird in der neuen Welt dieses Königreichs erneuert.

Wenn unsere Augen den König aus Jesaja 6 als Jeschua erkennen, dann sehen wir auch die widerspruchslose Logik in den Visionen des Königreichs Gottes vom Anfang des Buches Jesaja bis zum Ende.

Jesaja lebte ungefähr 200 Jahre nach David. Seine Prophetien gehen auf ein theologisches Problem ein. Das Königreich Davids und seiner Söhne hätte das Königreich Gottes sein sollen. Doch das davidische Königreich war von politischen Intrigen, sexueller

Unmoral und gewalttätiger Kriminalität geplagt. Das konnte unmöglich das wirkliche Königreich Gottes sein. Vor seinen inneren Augen begann Jesaja ein „besseres“ Königreich Davids zu schauen. Er sah eine neue und bessere zukünftige Welt. Er sah den göttlichen König, der in diesem Königreich regieren würde.

Jesajas Prophetien (und alle israelitischen Propheten) bilden eine Brücke zwischen dem historischen davidischen Königreich und dem geistlichen messianischen Königreich. Jesajas Prophetien gehören zu einem Zwischenstadium. Das erste Stadium ist das Königreich Davids und Salomos. Das zweite ist die Vision der israelitischen Propheten und das dritte ist das Evangelium Jeschuas und Seiner Jünger. Das Verständnis des Königreichs Gottes entwickelte sich über die Jahre von David über Jesaja bis hin zu Jeschua.

Bildlich gesprochen könnten wir Davids Königreich als den Leib sehen, Jesajas Prophetien als die Seele und Jeschuas Evangelium als den Geist. Wenn wir Jesajas Prophetien nicht als Brücke sehen, dann bleibt das davidische Königreich nichts anderes als eine politische Organisation. Dann fehlt ihr die übergeordnete geistliche Dimension, und die Vision der christlichen Gemeinde eines himmlischen Königreichs bleibt dann ein entleibter, spiritueller Mystizismus. Die Königreichs-Prophetien Jesajas verbinden Leib und Geist in Harmonie.

Der verherrlichte König von Jesaja 6 ist die entscheidende Verknüpfung der beiden. Wenn wir Jesaja 6 als den verherrlichten messianischen König erkennen, dann kommen der himmlische und der irdische Aspekt des Königreichs Gottes in vollkommener Einheit zusammen (**Sach 14,9; Eph 1,10**). Der verherrlichte König Jesajas vereint das himmlische und das irdische Königreich. Er vereint die christliche und die jüdische Auffassung des Königreichs Gottes. Dies ist der König, den Jesajas Augen gesehen haben. Auch unsere Augen werden ihn eines Tages sehen.[3]

---

[3] Das Buch Jesaja hat sechsundsechzig Kapitel. Der Tanach hat neununddreißig Bücher und der Neue Bund hat derer siebenundzwanzig. Man könnte also sagen, die sechsundsechzig Kapitel Jesajas stehen für die sechsundsechzig

Bücher des Tanach und des Neuen Bundes zusammengenommen. Im vierzigsten Kapitel Jesajas (welches in diesem Sinne an gleicher Stelle wie das erste Buch des Neuen Bundes steht) sehen wir eine merkbare Veränderung in Jesajas Schreibstil, obwohl er mit dem gleichen Thema weiterfährt. Jesaja 40,3-11 enthält klare Prophetien über die „Verkündigung der Guten Nachricht (des Evangeliums)". Jesaja 40 wird in allen Evangelien als die Grundlage für die Lehre Johannes des Täufers zitiert, der Jeschua dem Volk Israel als Messias vorführt.

Der Unterschied im Schreibstil ist derart dramatisch, dass beinahe alle nichtreligiösen Universitäten lehren, das Buch des Jesaja sei von zwei verschiedenen Autoren verfasst worden. Einer habe die Kapitel 1 bis 39 und einer die Kapitel 40 bis 66 geschrieben. (Die Textkritik Jesajas ist viel komplexer als dies, aber beinahe alle stimmen darin überein, dass mehr als ein Autor das Buch verfasst hat.) Ich glaube hingegen, dass ein einziger Autor das ganze Buch verfasst hat, da das Motiv des Königreichs Gottes klar und durchgehend sichtbar ist. Jesajas Erkenntnis entwickelte sich aber mit seiner Reife als Prophet.

In gleicher Weise ist der Neue Bund ein erkennbarer Vorwärtssprung in der Offenbarung des Königreiches Gottes, doch handelt es sich um die Entfaltung derselben Vision, welche mit jener der hebräischen Propheten übereinstimmt und von ihnen verkündet wurde. Jesajas Prophetien sind eine Weiterentwicklung von Davids Königreich. Der Neue Bund ist eine Weiterentwicklung von Jesajas Prophetien. Wir sehen eine einheitliche, fortschreitende Offenbarung, die mit dem davidisch-salomonischen Königreich beginnt und über die israelitischen Exil-Propheten bis hin zur Botschaft des Evangeliums von Jeschua und Seinen Jüngern reicht.

KAPITEL 12

Der Menschensohn

Da Gott durch die ganze hebräische Bibel hindurch in der Gestalt eines Menschen erschien, gibt es keinen Grund, die Prämisse des Neuen Bundes, Jeschua könnte dieser „Gott-Mensch" sein, abzulehnen. Jeschua ist der beste Kandidat für diese Rolle. Und nicht nur das, er ist der einzig mögliche Kandidat, der die vollständige Beschreibung erfüllen kann. Niemand sonst in der Menschheitsgeschichte wurde je mit plausiblen Gründen als Ersatz vorgeschlagen.

Jeschua ist die sichtbare Offenbarung dieses „geheimnisvollen Mannes" aus dem Alten Bund. Dies ist Teil der „Neuheit" des Neuen Bundes. Was bereits im Gesetz und in den Propheten in verhüllter Form existierte, wurde nun für alle sichtbar.

Die Offenbarung Gottes in Menschengestalt wird „Sohn" Gottes genannt. Der Gedanke, dass der Messias „Sohn" Gottes genannt wird, wurde schon von den israelitischen Propheten vor dem Neuen Bund eingeführt. (vgl. **Ps 2,7; 2 Sam 7,14; Spr. 30,4; Jes 7,14; Jes 9,6; Dan 3,25**). Wenn Jeschua der Messias ist, dann ist er auch jener Gott-Mensch, jener „Sohn".

Die Offenbarung Gottes dem Menschen gegenüber geschieht durch diesen Gott-Menschen. Unser himmlischer Vater hat diesen Auftrag an den Sohn delegiert. Der himmlische Vater ist fast ausnahmslos unsichtbar. Wen die Menschen sahen, war der Sohn, Jeschua. Johannes hat dieses Prinzip prägnant zusammengefasst:

> *Niemand hat Gott jemals gesehen; der eingeborene Sohn, der in des Vaters Schoss ist, der hat ihn kundgemacht* (Joh 1,18 ELB).

Jeschua ist die Manifestation des Vaters (**Joh 14,6; 1 Tim 3,16**). Niemand hat den Vater je gesehen. Der, welcher von der Menschheit gesehen wurde, ist der Sohn. Ich kenne nur zwei Ausnahmen dieser Regel: Eine im Alten Bund (**Daniel 7**) und eine im Neuen Bund (**Offenbarung 5**).

In diesem Kapitel wollen wir die folgenden Fragen stellen: „Warum erscheint der Vater normalerweise nicht? Warum erscheint der Sohn an seiner Statt? Warum erscheint der Vater gemeinsam mit Jeschua in jenen zwei Ausnahmefällen?“

Wenn Gott sich den Menschen offenbart, muss das durch einen geschehen, der selbst ein Menschensohn ist. In biblischen Worten wird dies einfach ausgedrückt: „Weil er der Menschensohn ist.“

> *Ich schaute in Visionen der Nacht: Und siehe, mit den Wolken des Himmels kam einer wie der Sohn eines Menschen. Und Er kam zu dem Alten an Tagen, und man brachte ihn vor ihn. Und ihm wurde Herrschaft und Ehre und Königtum gegeben, und alle Völker, Nationen und Sprachen dienten ihm. Seine Herrschaft ist eine ewige Herrschaft, die nicht vergeht, und sein Königtum so, dass es nicht zerstört wird* (Dan 7,13-14).

חָזֵ֤ה הֲוֵית֙ בְּחֶזְוֵ֣י לֵֽילְיָ֔א וַאֲר֗וּ עִם־עֲנָנֵי֙ שְׁמַיָּ֔א כְּבַ֥ר אֱנָ֖שׁ אָתֵ֣ה הֲוָ֑ה וְעַד־עַתִּ֤יק
יֽוֹמַיָּא֙ מְטָ֔ה וּקְדָמ֖וֹהִי הַקְרְבֽוּהִי׃

וְלֵ֨הּ יְהִ֤יב שָׁלְטָן֙ וִיקָ֣ר וּמַלְכ֔וּ וְכֹ֣ל עַֽמְמַיָּ֔א אֻמַיָּ֥א וְלִשָּׁנַיָּ֖א לֵ֣הּ יִפְלְח֑וּן שָׁלְטָנֵ֞הּ
שָׁלְטָ֤ן עָלַם֙ דִּֽי־לָ֣א יֶעְדֵּ֔ה וּמַלְכוּתֵ֖הּ דִּי־לָ֥א תִתְחַבַּֽל׃

Dies ist eine der klarsten Beschreibungen des Messias in der hebräischen Bibel. Diese Prophetie bildet die Grundlage für die messianischen Erwartungen, die wir in den Evangelien in Israel während der Zeit des zweiten Tempels vorfinden.

Der Alte an Tagen ist Gott, unser Himmlischer Vater. Der Menschensohn ist der Messias. Der Messias wird vor Gott gebracht. Ihm wird große Autorität gegeben. Ja, alle Autorität wird Ihm anvertraut (**Mt 28,18; Phil 2,9**). Alle Völker dienen ihm und beten ihn an.[1]

Unserem jüdischen Volk sagen wir: Dies ist unser Messias. Ihm gehört alle Autorität auf Erden. Alle Nationen beten ihn an. Er wird auf den Wolken des Himmels vor Gott gebracht. Wer sonst könnte dies sein als Jeschua? Einer muss diese Prophetie erfüllen. Der Messias muss der Beschreibung dieses Abschnitts entsprechen. Wenn nicht Jeschua, dann einer, der genau so wäre wie er. Wenn der Messias noch nicht gekommen ist, dann wird er genauso sein wie Jeschua, wenn er kommt.

Ein Einwand jüdischer Menschen gegen die Messianität Jeschuas ist die Tatsache, dass viele unserer jüdischen Gelehrten ihn ablehnten, während viele Nichtjuden ihn annahmen. Paradoxerweise ist dies aber kein Beweis gegen die Messianität Jeschuas, sondern viel mehr noch ein Beweis dafür. Der Messias musste von seiner eigenen Generation abgelehnt werden (**Ps 118,22a; Jes 53,3**) und Autorität über die Nichtjuden erhalten (**Ps 118,22b; Dan 7,14**). Wir finden dasselbe Muster auch in der Geschichte Josefs im 1. Buch Mose: Er wurde von seinen Brüdern abgelehnt, jedoch in Ägypten zum Herrscher gemacht. Aus diesem Grund wird der Messias manchmal als Ben Josef bezeichnet.

Der Messias wird obenstehend in **Daniel 7,13** beschrieben als einer, der „**mit den Wolken des Himmels**" kommt. Diese Beschreibung erinnert uns daran, dass Elia in einem Sturmwind in den Himmel aufstieg (**2 Kö 2,11**). In ähnlicher Weise fuhr Jeschua in den Himmel auf (**Apg 1,10**). Auf den gleichen Wolken wird er zurückkehren (**Apg 1,11**).

---

[1] Das hier verwendete aramäische Wort kommt vom Stamm פלח, P-L-CH, was sowohl mit „religiöse Anbetung" als auch mit „dienendes Arbeiten eines gewöhnlichen Arbeiters" übersetzt werden kann. Auch im Hebräischen steht der Wortstamm עבד, O-B-D sowohl für arbeiten als auch für anbeten. Arbeit und Anbetung sind parallele Begriffe. Wichtig ist, dass das Wort im Buch Daniel für dienen bzw. anbeten sowohl geistliche Anbetung als auch Unterordnung unter Autorität beinhaltet.

Warum erscheinen der Alte an Tagen und der Menschensohn-Messias gemeinsam auf so einzigartige Weise in **Daniel 7**? Ein Grund ist, um die Übertragung der Autorität darzulegen. Es wäre nicht genug gewesen, nur den Vater oder nur den Sohn zu zeigen. Die Autorität muss delegiert, der Auftrag erteilt und die Salbung weitergegeben werden. Um diese Autoritätsübertragung zu veranschaulichen, müssen beide gemeinsam gesehen werden (genauso wie David die Übertragung der Regierungsgewalt auf Salomo demonstrieren musste; vgl. **1 Kö 1**).

Das zweite Mal tauchen Vater und Sohn gemeinsam in **Offenbarung 5** auf. Hier ist ein kurzer Auszug:

> *Und ich sah mitten zwischen dem Thron ... ein Lamm stehen, wie geschlachtet ... Und es kam und nahm das Buch aus der rechten Hand dessen, der auf dem Thron saß* (**Offb 5,6-7**).

Der Grund, Vater und Sohn hier gemeinsam zu zeigen, ist ein etwas anderer als im Abschnitt aus Daniel 7. In **Offenbarung 1** wird Jeschua in seiner vollen Herrlichkeit offenbart (mehr dazu in Teil 5). Nachdem so seine volle Herrlichkeit offenbart wird, müssen die Schriften den Unterschied zwischen Jeschua und dem Vater mindestens einmal explizit aufzeigen. Wäre dies nicht der Fall, könnte man denken, es gäbe keinen Vater, sondern nur den Sohn, oder Jeschua sei sowohl Vater als auch Sohn. Dieser Irrtum wurde von der „Jesus-Allein“-Theologie gepredigt. Dass in Daniel 7 und Offenbarung 5 Vater und Sohn zusammen „auftreten“, klärt dieses Missverständnis.

Gott offenbart sich der Menschheit im Sohn. Vater und Sohn mussten aus zwei Gründen einmal in den Propheten und einmal im Neuen Bund gemeinsam erscheinen. Erstens, um die Übertragung der Autorität aufzuzeigen und zweitens, um den Unterschied zwischen Vater und Sohn deutlich zu machen. Liest man die beiden Abschnitte aus Daniel 7 und Offenbarung 5 zusammen, so bleibt kein Zweifel an den unterschiedlichen Rollen von Vater und Sohn.

Die Schriften des Johannes enthalten eine besondere Dimension geistlicher Offenbarung. Das Johannesevangelium wurde später geschrieben als die ersten drei Evangelien. Jene erzählen hauptsächlich, ***was*** in der Zeit von Jeschuas irdischem Dienst geschah, während Johannes erklärt, ***warum*** es geschah. Johannes 14 stellt dar, warum Jeschua anstelle des Vaters die Rolle erhielt, die Offenbarung Gottes den Menschen zu bringen.

Die Jünger Jeschuas begreifen, dass er der Messias ist. Sie bitten ihn, ihnen die Herrlichkeit des Vaters zu zeigen (vergleichbar mit der Bitte des Mose in **2. Mose 33**). Jeschua antwortet ihnen, es sei für sie nicht nötig, den Vater zu sehen. Was sie in ihm sähen, sei genug, um auch zu wissen, wer der Vater ist. Was auch immer der Vater ihnen offenbaren will, ist bereits in Jeschua sichtbar.

> *Wer mich sieht, der sieht den Vater! Wie sprichst du dann: Zeige uns den Vater? Glaubst du nicht, dass ich im Vater bin und der Vater in mir?* (Joh 14,9-10).

Alles, was Gott dem Menschen über sich offenbaren möchte, findet sich im Gott-Menschen. Der Grund dafür ist, dass Gott einen Plan für die Menschheit hat. Ein Teil von Gottes Bestimmung für uns Menschen ist es, uns göttliche Eigenschaften zu geben (**2 Petr 1,3-4**). Ein Mensch, der diese göttlichen Eigenschaften selbst besitzt, kann sie am besten an andere Menschen weitergeben. Was Gott mit der Menschheit vorhatte, hatte er schon vor Grundlegung der Welt geplant (**Eph 1,4-11**). Sein Plan ist zu unserem Wohl.[2]

Weil die Menschen Teil dieses Planes sind, kann er sich nicht schneller erfüllen, als die Menschen ihn verstehen und empfangen können. Die Offenbarung Gottes ***an*** den Menschen ist ***für*** die Menschen und muss daher ***durch*** einen Menschen geschehen. Der Plan wird durch Jeschua offenbart, weil er der Menschensohn ist. Der Plan Gottes für die Menschen kommt durch einen Menschen zum Ausdruck. Würde Gottes Plan nur Engel betreffen, so wäre es genug, den Sohn Gottes allein wirken zu

---

[2] Eine Liste mit Bibelstellen über den von Gott vorbestimmten Plan findet sich in Anhang 9 „Vor der Grundlegung".

lassen. Aber weil Gottes Plan für die Menschheit ist, muss dieser Plan durch einen zum Ausdruck kommen, der Mensch ist – der Menschensohn.

Gott Vater kann seine Herrlichkeit nicht aufgeben, den Thron verlassen und die Rolle eines Dieners der Menschheit übernehmen. Dies ist die Aufgabe des Sohnes (**Phil 2,6-8**). Er ist die Brücke zwischen Gott und den Menschen. Er kam von Gott zu den Menschen als ein Mensch zum Wohl der Menschen. Er wird die Menschheit in ihre von Gott empfangene Bestimmung zurückführen.

Aus diesem Grund benutzt Jeschua in Johannes 14 zweimal das Wort „größer". Er sagt, der Vater sei größer als er (**Joh 14,28**) und er verspricht den Jüngern, sie würden größere Werke tun als er (**Joh 14,12**). In diesen Aussagen drückt Jeschua nicht nur seine Liebe und Demut aus, sondern auch den Zweck Seines Auftrags. Er kam vom Vater (welcher größer ist), um die Menschheit zu erheben (Größeres zu tun). Jeschuas Auftrag wurde ihm vom Vater übertragen, um uns Menschen in unsere Bestimmung zu führen.

Jeschua kam nicht, um sich selbst einen großen Namen zu machen. Er kam, um uns die Größe des Vaters zu offenbaren und uns in die Größe zu führen, welche der Vater für uns vorgesehen hatte. (Natürlich ist es diese Bereitschaft Jeschuas, sich selbst für andere zu opfern, welche ihn so groß macht). Jeschua kam als Gott im Ebenbild eines Menschen, um uns zu helfen, Menschen im Ebenbild Gottes zu werden (**1 Mo 1,26**).

Um den vorbestimmten Plan Gottes zu vollbringen, musste jemand erscheinen, der sowohl das Ebenbild Gottes für Menschen war als auch ein Mensch im Ebenbild Gottes. Dies musste jemand sein, der sowohl Gott als auch Mensch ist. Hier sehen wir die Genialität des Planes Gottes durch Jeschua. Es gibt keinen Grund für Gott, sich der Menschheit zu diesem Zeitpunkt zu offenbaren. Was für die Menschen ist, muss durch einen Menschen geschehen. Der Vater ist größer als Jeschua. Aber die Fülle von Gottes Plan ist in Jeschua enthalten, weil er Gott und Mensch in Einem ist.

Das erste Auftreten des Gott-Menschen auf Erden ist in **1. Mose 3,8** festgehalten, als Adam und Eva „**den JHWH-Gott [hörten], wie Er im Garten ging**". Ein paar Stunden vorher, bevor sie gesündigt hatten, hätte dies Gott der Vater sein können. Aber da sie bereits in Sünde gefallen waren, können wir annehmen, dass dies nun Jeschua war. In diesem Moment begann er seinen Auftrag der Erlösung.

Es gibt viele Gründe, weshalb der Vater alle Autorität auf Jeschua übertrug. Jeschua hat Autorität, Menschen zu retten (**Joh 3,16**), Menschen zu richten (**Joh 5,27**) und über Menschen zu regieren (**Dan 7,13**). Er kann unser Mittler (**1 Tim 2,5**), unser Verteidiger (**1 Joh 2,1**) und unser Hohepriester sein (**Hebr 4,15**). Jeschua kann alle diese Rollen übernehmen, weil er sowohl Mensch als auch Gott ist. Ihm gehört alle Autorität, ***weil er der Menschensohn ist.***

> *[Der Vater] hat ihm Vollmacht gegeben, das Gericht zu halten, weil er der Menschensohn ist* (Joh 5,27).

Fassen wir also ein paar Gründe dafür zusammen, weshalb die Offenbarung Gottes für die Menschheit durch den Sohn und nicht durch den Vater kommt:

1. **Gleichstellung**: Damit den Menschen Gerechtigkeit widerfährt, müssen sie nach einem gerechten Maßstab zur Rechenschaft gezogen werden. Das Urteil muss von einem kommen, der ihnen „gleichgestellt" ist, von einem, der die menschliche Erfahrung nachvollziehen kann.
2. **Innewohnung**: Gott schuf uns, weil Er in uns wohnen wollte. Daher zielt Sein Plan auf einen Menschen ab, der vollkommen mit seinem Geist erfüllt ist. Allein in Jeschua wohnte die Fülle Gottes in menschlicher Gestalt (**Kol 2,9**).
3. **Potenzial**: Gott verlangt danach, uns in unsere göttliche Bestimmung als Teilhaber seines göttlichen Wesens zu führen (**2 Petr 1,4**). Das Vorbild für diesen Plan musste ein Mensch mit vollkommenen göttlichen Eigenschaften sein.

4. **Versöhnung**: Zur Vergebung der Sünde brauchen wir ein stellvertretendes Sühneopfer. Es muss Leben für Leben, Seele für Seele sein (**3 Mo 17,11**). Ein Tier genügt nicht. Gott der Vater ist zu viel. Nur Jeschua erfüllt die Anforderung.
5. **Schutz**: Da alle Menschen gesündigt haben, kämen wir um, wenn wir der Kraft der Herrlichkeit Gottes direkt ausgesetzt wären. Gott trennt uns also zu unserem eigenen Schutz von sich und sendet uns Jeschua an seiner Statt, um uns zu erlösen.
6. **Beziehung**: Wir wurden nicht nur geschaffen, um Diener, sondern auch um Freunde zu sein (**Joh 15,15**). Der einzige Weg um Gemeinschaft mit Menschen zu haben, ist durch einen Menschen. Jeschua ist der Anfang der Freundschaft zwischen Gott und den Menschen.
7. **Bestrafung**: Die Folge unserer Sünde ist ein Teil des Grundes, weshalb wir Gott den Vater heute nicht sehen können. Trennung ist unsere Bestrafung (**Jes 59,2**). Das Vorrecht der Treuen wird es sein, ihn am Ende wieder sehen zu können.
8. **Regierung**: Wenn es ein wirkliches Königreich Gottes auf Erden geben soll, so muss es wirkliche Menschen beinhalten. Es wird eine Gemeinschaft von Menschen geben, die zusammenleben. Dies verlangt nach einer göttlichen Herrschaft für die Menschen. Jeschua kam als Mensch und als göttlicher König, um diese gerechte Regierung unter dem Volk Gottes aufzurichten.
9. **Planet Erde**: Gott erschuf das Universum mit Himmel und Erde (**1 Mo 1,1**). Er will, dass zwischen beiden Harmonie herrscht. Heute gibt es einen Bruch zwischen ihnen. Nur jemand, der zu beiden gehört, kann diesen Bruch heilen und beide wieder vereinen. Der vollendete Plan Gottes ist es, Himmel und Erde in Jeschua zusammenzubringen (**Eph 1,10**).
10. **Verständnis**: Wie das Gleichnis vom Elefanten, der zur Ameise wird, um den Ameisen die Natur eines Elefanten zu

erklären, so muss Gott in der Form eines Menschen kommen, damit Menschen verstehen können, wer Gott ist.

11. **Wohlgefallen**: Gott gestaltete Seinen Plan mit einem „Sohn", weil er dies so wollte. Es geschah nach dem Wohlgefallen Seines Willens (**Eph 1,5**). Jeder Vater, Coach oder Pastor weiß, dass es mehr Freude macht, wenn ein Kind oder Schüler etwas tut, statt man selbst. Gott freut sich über den Erfolg seiner „Kinder".
12. **Mittlerschaft**: Als Gottes Herrlichkeit auf den Berg Sinai kam, rannten die Menschen davon. Er musste Mose beauftragen, um zwischen Gott und dem Volk hin und her zu gehen, weil die Menschen sich davor fürchteten, Gott nahe zu kommen (**5 Mo 5,5**). Auf gleiche Weise sandte er Jeschua als Mittler zwischen den Menschen und Gott bis zum Zeitpunkt der vollkommenen Versöhnung (**1 Tim 2,5; 5 Mo 18,15**).

Das hebräische Wort für „Mensch" ist dasselbe wie der Name „Adam". Wenn die Bibel also vom Menschensohn spricht, könnte dieser auch als „Sohn Adams" bezeichnet werden. Laut 1. Mose schuf Gott Adam und übertrug ihm die Autorität über den Planeten (**1 Mo 1,26; Ps 115,16**). Jeschua musste als ein Sohn Adams kommen, um die verlorene Autorität Adams zurückzuholen.

Warum geschieht die Offenbarung Gottes der Menschheit gegenüber hauptsächlich durch einen Gott-Menschen? Weil Gott die Menschheit liebt und einen Plan für uns hat. Er sandte Jeschua, um uns von Sünde zu befreien und uns in diese göttliche Bestimmung zu führen (**Joh 3,16**). Jeschua konnte diesen Auftrag erfüllen, weil Er nicht nur der Sohn Gottes, sondern auch der Menschensohn ist (**Joh 5,27**).

TEIL 5

Die Offenbarung

In diesem Teil untersuchen wir, wie der göttliche Botschafter dem Propheten Daniel in Babylon und dem Apostel Johannes auf Patmos als verherrlichter Mensch aus Feuer erschien.

Wir entdecken, dass der Zusammenhang zwischen diesen beiden eindrücklichen Erscheinungen des verherrlichten Menschen aus Feuer die vollkommene Göttlichkeit und Identität des Messias offenbaren. Wir werden außerdem die Offenbarung des Johannes als die abschließende Offenbarung Gottes für die Menschen erörtern.

Und schließlich werden wir unser Studium, wie Gott sich den Menschen durch einen Menschen offenbart, zusammenfassen.

KAPITEL 13

Wer ist der Mann im Feuer?

Der Gott-Mensch-Engel erschien den Propheten und Patriarchen in so vielen Formen und in so zahlreichen Situationen, dass das Thema beinahe grenzenlos zu sein scheint. Dies ist genau der Eindruck, den die ersten Jünger hatten.

> *Und er fing an bei Mose und allen Propheten und legte ihnen aus, was in der ganzen Schrift von ihm gesagt war* (Lk 24,27).

Auf diese Weise ging Jeschua vor, um die Gute Nachricht des Messias zu verkünden.

> *„... Es muss alles erfüllt werden, was von mir geschrieben steht im Gesetz des Mose, in den Propheten und in den Psalmen." Da öffnete er ihnen das Verständnis, sodass sie die Schrift verstanden* (Lk 24,44-45).

Im Tanach (die fünf Bücher Mose, die Propheten und die Schriften) finden sich so viele Hinweise auf Jeschua, dass es nahezu unmöglich ist, dieses Thema erschöpfend zu behandeln. [Beachte, wie Jeschua hier die traditionell jüdische Dreiteilung der hebräischen Bibel benutzt.]

> *Von diesem bezeugen alle Propheten ...* (Apg 10,43).

Scheinbar schrieben alle Propheten über Ihn.

[Ich diene] dem Gott meiner Väter so, dass ich allem glaube, was geschrieben steht im Gesetz und in den Propheten (Apg 24,14).

Der Zugang der Apostel zu den Schriften sollte auch unser Zugang sein. Das Bibelstudium über das messianische Königreich im Gesetz und in den Propheten ging sowohl den Juden wie auch den Christen etwas verloren. Doch war es für die Apostel und ihre Sicht der Welt grundlegend. Ich glaube, dass dieses biblische Verständnis des Königreiches Gottes, wie es dem Plan Gottes in seinem ganzen Umfang entspricht („der ganze Ratschluss Gottes", **Apg 20,27**) in unserer Generation wieder entstehen wird.

[Ich] sage nichts, als was die Propheten und Mose vorausgesagt haben ... (Apg 26,22).

Als die Jünger hörten, wie Jeschua über die Abschnitte aus den Büchern Mose und den Propheten, in denen es um ihn ging, lehrte, brannten ihre Herzen (**Lk 24,32**). Mein Herz brennt noch immer, wenn ich alle diese Schriftstellen über den Messias und den Engel-JHWH im Tanach lese. Ich hoffe, auch euer Herz brennt.

Da erklärte und bezeugte er ihnen das Reich Gottes und predigte ihnen von Jeschua aus dem Gesetz des Mose und aus den Propheten vom frühen Morgen bis zum Abend (Apg 28,23).

Es gibt viele Schriftstellen, in welchen Jeschua nicht auf den ersten Blick erkennbar ist. Schauen wir uns ein paar Beispiele an:

- **Mose**: Jeschua stand auf dem Felsen, welcher Wasser für Mose und die Kinder Israels hervorbrachte (**2 Mo 17,6**). [Ein versteckter Hinweis zu dieser Stelle befindet sich in **1 Korinther 10,4**. Der Fels war nicht nur ein Symbol für Jeschua. Jeschua selbst stand dort. Wie hätte Mose sonst wissen sollen, dass er das schreiben soll?]

- **Samuel**: Jeschua steht bei Samuels Bett und ruft ihn (**1 Sam 3,10**). Hier, wie auch an anderen Stellen, wird er als Wort-JHWH bezeichnet. Dies ist eine der Bedeutungen der Aussage in **Johannes 1,1 und Johannes 1,14**, Jeschua sei das fleischgewordene Wort Gottes.
- **Salomo**: Jeschua erschien dem König Salomo zweimal, bevor dieser in Sünde fiel. Er stattete Salomo mit dem Geist der Weisheit und der Offenbarung aus (**1 Kö 3,5; 9,2**). Scha'ul (Paulus) betete, dass Jeschua auch uns diese Weisheit schenkt (**Eph 1,17-21**). Dies war eine Erweiterung von Salomos Gebet im Neuen Bund.
- **Elia**: Der Engel-JHWH sprach dreimal zu Elia (**1 Kö 19,7; 2 Kö 1,3.15**). Er sandte Elia mit einem Auftrag auf den Weg, gab ihm prophetische Worte und begleitete ihn in Gefahr.
- **Amos**: Der Prophet Amos sah den Gott-Menschen zweimal: Einmal in menschlicher Gestalt, wie er einmal mit einem Schnurlot in der Hand auf einer Mauer stand (**Amos 7,7**) und ein anderes Mal über dem Altar (**Amos 9,1**).[1]

Es gibt noch eine weitere, weniger bekannte Erscheinung Jeschuas in den Propheten, welche von großer Bedeutung ist. Diese soll als unsere letzte Schriftstelle dienen.

> *[Ich] hob meine Augen auf und sah, und siehe, da stand ein Mann, der hatte leinene Kleider an und einen goldenen Gürtel um seine Lenden. Sein Leib war wie ein Türkis, sein Antlitz sah aus wie ein Blitz, seine Augen wie feurige Fackeln, seine Arme und Füße wie helles, glattes Kupfer, und seine Rede war wie ein großes Brausen* (Dan 10,5-6).

וָאֶשָּׂא אֶת־עֵינַי וָאֵרֶא וְהִנֵּה אִישׁ־אֶחָד לָבוּשׁ בַּדִּים וּמָתְנָיו חֲגֻרִים בְּכֶתֶם אוּפָז׃
וּגְוִיָּתוֹ כְתַרְשִׁישׁ וּפָנָיו כְּמַרְאֵה בָרָק וְעֵינָיו כְּלַפִּידֵי אֵשׁ וּזְרֹעֹתָיו וּמַרְגְּלֹתָיו
כְּעֵין נְחֹשֶׁת קָלָל וְקוֹל דְּבָרָיו כְּקוֹל הָמוֹן׃

[1] Für ein ausführlicheres Verzeichnis der Schriftstellen zum Thema der Erscheinungen Gottes in der Gestalt eines Menschen in den hebräischen Schriften siehe Anhang 1, „Göttliche Erscheinungen in der hebräischen Bibel".

Die Tatsache, dass Johannes diese Worte im Buch der Offenbarung beinahe wörtlich zitiert und sie auf Jeschua bezieht, lässt diese scheinbar rätselhafte Schriftstelle vor lauter Bedeutung geradezu explodieren. Die Beschreibung ist so ähnlich, dass wir keine andere Wahl haben, als sie so zu verstehen, dass es sich um ein und dieselbe Person handelt.

> *Und ich wandte mich um, zu sehen nach der Stimme, die mit mir redete ...*
> *... einen, der war einem Menschensohn gleich, angetan mit einem langen Gewand und gegürtet um die Brust mit einem goldenen Gürtel.*
> *Sein Haupt aber und sein Haar war weiß wie weiße Wolle, wie der Schnee, und seine Augen wie eine Feuerflamme, und seine Füße wie Golderz, das im Ofen glüht, und seine Stimme wie großes Wasserrauschen;*
> *... und sein Angesicht leuchtete, wie die Sonne scheint in ihrer Macht* (Offb 1,12-16).

Zitierte Johannes hier einfach Daniel? Oder klingen die Abschnitte so ähnlich, weil die beiden dasselbe gesehen haben? Versuchen wir, beide Möglichkeiten zu verstehen:

1. Der verherrlichte Mann im Buch Daniel ist kein gewöhnlicher Engel, es ist Jeschua.
2. Jeschua aus dem Buch der Offenbarung erscheint in Daniel und seinen Prophetien.

Die letzten drei Kapitel des Buches Daniel sind eine Zusammenfassung dessen, was dieser Mann ihm mitteilte. Jene Prophetien sind Vorläufer der Prophetien im Buch der Offenbarung. Sowohl Daniel als auch Johannes hatten dieselbe Quelle.

Ein Hauptteil des Buches Daniel ist eine Zukunftsprophetie, welche Daniel von Jeschua erhielt, wie es auch bei Johannes war. Ihre Erfahrungen waren ziemlich ähnlich.

Außerdem besteht ein Zusammenhang mit dem rätselhaften Mann im Feuerofen. Als Daniels Freunde Hananja, Mischaël und Asarja sich weigerten, Nebukadnezars Befehl zu folgen und sein Bild anzubeten, wurden sie in den Feuerofen geworfen.

Nebukadnezar erschrickt sofort, als er eine vierte Person im Ofen sieht. Wer könnte das wohl sein? Richtig, der Sohn Gottes.

Er antwortete und sprach: Ich sehe aber vier Männer frei im Feuer umhergehen und sie sind unversehrt; und der vierte sieht aus, als wäre er ein Sohn Gottes (Dan 3,25).

עוֹנֶה וְאוֹמֵר: הִנֵּה אֲנִי רוֹאֶה אֲנָשִׁים אַרְבָּעָה מֻתָּרִים, מְהַלְּכִים בְּתוֹךְ הָאֵשׁ
וְחַבָּלָה אֵין בָּהֶם, וּמַרְאֵהוּ שֶׁל הָרְבִיעִי דּוֹמֶה לְבֶן אֱלֹהִים.

Hier handelt es sich nicht einfach um einen Sohn Gottes, sondern um *den* Sohn Gottes. Dies ist ein weiteres Beispiel dafür, dass der Ausdruck „Sohn Gottes“ im Nahen Osten des Altertums bekannt war. Er war nicht nur eine Erfindung der Evangelisten.

Der Sohn Gottes in Daniel 3 ist wieder derselbe Mann aus Feuer wie in Daniel 10. Einer, aus dessen Körper von Kopf bis Fuß Feuer austritt, hat wohl kein Problem in einem Feuerofen herumzuspazieren. (Genauso wie nichts uns verletzen kann, wenn wir das Feuer Gottes in unseren Herzen tragen.)

Der wichtigere Aspekt dieser Beziehung zwischen Daniel 10 und Offenbarung 1 ist aber ihre Bedeutung für unsere Sicht auf Jeschua und den Engel-JHWH. Das Buch der Offenbarung ist der Höhepunkt der Offenbarung über Jeschua.

Dieses Buch beginnt mit einer Beschreibung Jeschuas in Seiner verherrlichten Form. Es sagt uns: Nach dem Lesen der Evangelien hast du noch nicht ganz verstanden, wer Jeschua ist. In den Evangelien tritt er nicht in Seiner verherrlichten Form auf (außer für einen kurzen Moment auf dem Berg der Verklärung – Mt 17 und Lk 9). Es gibt noch eine weitere Dimension Jeschuas, welche dir noch nicht offenbart worden ist.

Jeschua im Neuen Bund und der Engel-JHWH im Tanach erscheinen manchmal in verherrlichter, manchmal in nicht-verherrlichter Form.[2]

---

[2] Für eine ausführlichere Behandlung der Unterschiede dieser zwei Formen siehe Anhang 10, „Menschliche und Verherrlichte Erscheinungen“.

Die Endzeit-Prophetien im Buch der Offenbarung beginnen an diesem Punkt: Jeschua wird offenbart als der Engel-JHWH des Alten Bundes. Wir sehen den Engel-JHWH in den Prophetenbüchern. Wir sehen Jeschua in den Evangelien. Das letzte Buch der Bibel fügt die beiden zusammen. Das Buch der Offenbarung ist das Bindeglied zwischen dem Jeschua aus Galiläa und dem Engel-JHWH.

Der Hauptzweck von Offenbarung 1 ist die Bestätigung dieser Verbindung zwischen Jeschua und dem Engel-JHWH. Das Kapitel weist nach, dass Jeschua und Engel-JHWH ein und derselbe sind. Das Buch der Offenbarung behandelt nicht nur die Endzeit. Es ist auch die endgültige Offenbarung wer Jeschua ist. Dies ist auch unser Anliegen im letzten Teil dieses Buches. Wir wollen Jeschua so sehen, wie Johannes ihn sah. Wir wollen Jeschua so verstehen, wie Johannes ihn verstand.

Durch das Buch der Offenbarung will Gott uns die endgültige Erkenntnis geben, dass Jeschua diese eine Persönlichkeit ist, die durch die ganze Bibel hindurch im Zentrum steht. Er war der verherrlichte Mann in Daniel, Hesekiel und jeder anderen Stelle in der Thora und den Propheten.

> *Jeschua der Messias gestern und heute und derselbe auch in Ewigkeit* (Hebr 13,8).

Jeschua ist derselbe von Ewigkeit zu Ewigkeit. Daher können wir ihn in all Seinen Erscheinungen sehen, nicht nur in den Evangelien, sondern von 1. Mose bis zur Offenbarung, vom Anfang bis zum Ende.

> *Ich bin das A und das O, der Anfang und das Ende …* (Offb 1,8.17).
>
> *Ich bin der Erste und der Letzte* (ELB).

Im Hebräischen sind das Wort für „Anfang“ und der Name „Genesis“ (1. Buch Mose) identisch: *Bereschit* – בראשית. Jeschua ist derselbe vom 1. Buch Mose bis zur Offenbarung.

Eine Hauptaussage der Offenbarung ist, dass Jeschua der Engel-JHWH ist. So bringt das Buch der Offenbarung die

Erscheinungen Gottes als Gott-Mensch im Alten Bund und als Person Jeschuas im Neuen Bund in Einklang.

Offenbarung 1 stellt uns vor eine doppelte Herausforderung:

1. Wenn wir verstehen wollen, wer Jeschua in Seiner verherrlichten Form ist, müssen wir alle Seine Erscheinungen als Engel-JHWH im Gesetz und in den Propheten studieren.
2. Wenn wir das Gesetz und die Propheten verstehen wollen, müssen wir erkennen, dass der Engel-JHWH Jeschua in Seiner vorgeburtlichen Form ist.

Dies ist die doppelte Offenbarung, welche wir in diesem Buch miteinander untersucht haben.

Kapitel 14

Die göttliche Offenbarung des Johannes

Im Alten Israel entwickelte sich das Verständnis des Wesens Gottes, der Identität des Engels JHWHs und des Kommens des messianischen Königs stetig weiter. Es war aber schlicht noch nicht im Bereich des Möglichen, alle „Puzzleteile" zusammenzufügen. In der Zeit des Zweiten Tempels, als die Evangelien ihren Anfang nahmen, sehen wir eine inbrünstige Erwartung des Kommens des Messias.

Im Neuen Bund sehen wir ebenfalls eine Entwicklung in der Erkenntnis der Göttlichkeit Jeschuas im Denken Seiner Jünger. Als Erstes empfängt Petrus die Offenbarung, dass Jeschua der Messias ist (**Mt 16,16**). Die Offenbarung des Petrus ist die Grundlage für die erste Stufe, der Fels, auf welchem die christliche Gemeinde und jede weitere Offenbarung betreffend Jeschuas Identität gegründet sein würden.

Eine bedeutend höhere Stufe dieser wichtigen, himmlischen Offenbarung wurde Paulus zuteil. Er sah die Gemeinde in einer umfassenderen Bedeutung. Er sah Jeschua als den göttlichen Christus, das Haupt der internationalen christlichen Gemeinde (**Eph 1,20-22; 2 Kor 12,2-4; Gal. 1,12; 2,2 und 6**). Selbst Petrus gab zu, dass Paulus Dinge begriffen hatte, welche er selbst immer noch nicht verstand (**2 Pet 3,16**).

Später, im Buch der Offenbarung und in seinem Evangelium, steigt Johannes zu einer noch höheren Stufe der Erkenntnis auf. Die Offenbarung des Johannes bildete das Ende der biblischen Entwicklung. Petrus hatte die Offenbarung, dem Volk Israel das Evangelium zu verkünden. Paulus hatte die Offenbarung, eine internationale Gemeinde zu begründen. Johannes hatte die Offenbarung, Israel und die Gemeinde für das Zweite Kommen Jeschuas vorzubereiten.

Die Offenbarung des Petrus war national und auf Israel ausgerichtet. Die Offenbarung des Paulus war universal und international. Die Offenbarung des Johannes war himmlisch und ewig. In den synoptischen Evangelien und in der Apostelgeschichte ist Jeschua der Messias, der König von Israel. In den Briefen ist Jeschua der Christus, das Haupt der Gemeinde. Im Johannesevangelium und dem Buch der Offenbarung ist Jeschua JHWH, die Offenbarung Gottes.[1]

Im Folgenden sind sieben Beispiele aus der johanneischen Lehre, in welcher er Jeschua mit dem JHWH der Thora und der Propheten identifiziert:

1. Ich bin

Durch das ganze Johannesevangelium hindurch bezeichnet sich Jeschua in über einem Dutzend prophetischen Äußerungen als „Ich bin". So spricht er zuerst zur Samariterin am Brunnen: „Ich bin's" (**Joh 4,26**) und zuletzt zu den Soldaten: „Ich bin's!", als sie gekommen waren, um ihn zu verhaften. Seine Aussage warf sie zu Boden (**Joh 18,5**). Auf diese Weise identifiziert Johannes Jeschua als den „Ich bin, der ich bin" aus **2. Mose 3,14**. Johannes glaubte, dass es Jeschua war, der Mose im brennenden Busch erschien, und dass daher der Name JHWH sich auf ihn bezieht.

Auf diese Weise bezog Johannes auch die vielen „Ich bin"-Aussagen aus Jesaja 41 bis 49 auf Jeschua.

---

[1] Für eine ausführlichere Behandlung dieses Themas siehe Anhang 11, „Göttlich und davidisch".

Tretet her zu mir, hört dies! Ich habe von Anfang an nicht im Verborgenen geredet; von der Zeit an, da es geschah, war ich da. Und nun hat der Herr, JHWH, mich gesandt und mir seinen Geist verliehen (Jes 48,16).

קִרְבוּ אֵלַי שִׁמְעוּ-זֹאת לֹא מֵרֹאשׁ בַּסֵּתֶר דִּבַּרְתִּי מֵעֵת הֱיוֹתָהּ שָׁם אָנִי וְעַתָּה אֲדֹנָי יְהוִה שְׁלָחַנִי וְרוּחוֹ׃

Einmal mehr sehen wir hier ein Wesen, das von Gott gesandt ist und Göttlichkeit für sich in Anspruch nimmt. Er war sowohl Gott als auch von Gott gesandt.

2. Das Wort

Jeschua wird als das Wort Gottes bezeichnet. Diese Bezeichnung bezieht sich auf den Gott, der die Welt durch Seine Worte erschuf: „Es werde …"

Im Anfang war das Wort, und das Wort war bei Gott, und Gott war das Wort (Joh 1,1).

Dieser Ausdruck bezieht sich auch auf die Erscheinung des Wortes Gottes als göttlichem Botschafter, welcher den Propheten begegnete. Das „Wort" ist sowohl die Botschaft als auch der Botschafter. Manchmal sahen und hörten ihn die Propheten, manchmal spürten sie seine Gegenwart und hörten ihn, manchmal hörten sie ihn nur.

Jeschua als das Wort bedeutet, dass er zu jemandem persönlich kam und mit ihm sprach. Zwei klare Beispiele dafür finden wir zum einen bei Abraham, welcher das Wort sah und hörte (**1 Mo 15,1**) und zum anderen bei Samuel, als das Wort kam und sich neben ihn stellt (**1 Sam 3,7 und 10**).

Nach diesen Geschichten begab sich's, dass Wort-JHWH zu Abram kam in einer Offenbarung … (1 Mo 15,1).

אַחַר הַדְּבָרִים הָאֵלֶּה הָיָה דְבַר-יְהוָה אֶל-אַבְרָם בַּמַּחֲזֶה לֵאמֹר...

Aber Samuel hatte JHWH noch nicht erkannt, und der Wort-JHWH war ihm noch nicht offenbart.

Da kam JHWH und trat herzu und rief wie vorher: Samuel, Samuel! (1 Sam 3,7.10).

וּשְׁמוּאֵל טֶרֶם יָדַע אֶת-יְהוָה וְטֶרֶם יִגָּלֶה אֵלָיו דְּבַר-יְהוָה׃

וַיָּבֹא יְהוָה וַיִּתְיַצַּב וַיִּקְרָא כְפַעַם-בְּפַעַם שְׁמוּאֵל שְׁמוּאֵל וַיֹּאמֶר שְׁמוּאֵל דַּבֵּר
כִּי שֹׁמֵעַ עַבְדֶּךָ׃

Interessanterweise ist der Ausdruck „Wort JHWHs" auf Hebräisch in diesen beiden Versen eine Konstruktion von gepaarten Namen. „Wort" und „JHWH" sind durch einen Bindestrich verbunden. Die Schrift sagt somit nicht „Wort JHWHs", sondern „Wort-JHWH". Diese beiden Abschnitte sind merkwürdig und machen nur Sinn, wenn wir sie im Licht des johanneischen Yeschua-Verständnisses sehen: Yeschua ist das Wort JHWHs.

Der Wort-JHWH kommt und besucht Abraham und Samuel. JHWH zu kennen bedeutet diesen „Wort-JHWH" zu kennen. Johannes sah Jeschua als dieses prophetische Wort, welches kam und unsere Vorväter besuchte.

3. Der Verfasser der Zehn Gebote

In Teil 2 haben wir uns mit dem Vers aus Johannes 8,6 befasst. Dort schreibt Jeschua mit seinem Finger in den Sand, als er von den religiösen Führern betreffend der Todesstrafe für Ehebruch provoziert wird. Mit Hilfe dieses Abschnittes können wir Yeschua als Engel-JHWH identifizieren, der mit dem „Finger Gottes" die Zehn Gebote schrieb (**2 Mo 31,18**). Johannes sah Jeschua als denjenigen, der die Zehn Gebote schrieb.

4. Abrahams Besucher

In Teil 1 haben wir uns mit dem Abschnitt befasst, der beschreibt, dass Jeschua Abraham sah und kannte, schon bevor Abraham war (**Johannes 8,56**). Dieser Abschnitt identifiziert Jeschua als den JHWH-Besucher, welcher mit zwei Engeln kam und von Abraham zum Mittagessen eingeladen wurde (**1 Mo 18,1**). Johannes sah Jeschua als Abrahams Besucher.

5. Josuas Heerführer

In Teil 3 haben wir den Zusammenhang zwischen dem Heerführer in **Josua 5,13**, welcher um Jericho kämpft, und dem Heerführer in **Offenbarung 19,11**, welcher bei der Wiederkunft Jeschuas kämpft, betrachtet. Johannes glaubte, dass Jeschua der Heerführer war, welcher Josua erschien.

6. Jesajas König

In Teil 4 haben wir erörtert, dass **Johannes 12,41** den verherrlichten König aus **Jesaja 6,1** klar als Jeschua identifiziert. Johannes glaubte, dass Jeschua der König Jesajas war, was auch durch den Kontext der Prophetien des Königreichs im gesamten Buch Jesaja bestätigt wird.

7. Der verherrlichte Mann in Hesekiels und Daniels Visionen

In Teil 4 stellten wir außerdem fest, dass die Vision des Johannes in **Offenbarung 4** praktisch der Vision Hesekiels in **Hesekiel 1** entspricht. Johannes glaubte, dass der verherrlichte Mann über den Cherubimen Jeschua war (**Offb 3,21; 5,6; 7,17**). Johannes bestätigt dies, indem er den Mann aus Feuer in **Daniel 10,5** mit dem verherrlichten Jeschua, den er in **Offenbarung 1,12** sah, in Verbindung bringt.

Diese Beispiele geben eine kurze Zusammenfassung der Überzeugung des Johannes, dass Jeschua dieser ewige Gott-Mensch ist, der Gott den Menschen von Anbeginn der Zeiten offenbarte. Johannes glaubte auch, dass Jeschua vor der Gründung der Welt existierte.

> *... verherrliche Du mich bei Dir mit der Herrlichkeit, die ich bei Dir hatte, ehe die Welt war* (Joh 17,5).

> *... denn du hast mich geliebt, ehe der Grund der Welt gelegt war* (Joh 17,24).

Wenn Jeschua tatsächlich vor der Schöpfung existierte, dann ist es nur logisch anzunehmen, dass er in den Jahren der israelitischen Geschichte bis zu den Evangelien gegenwärtig und aktiv war. Wenn dem so ist, wo war er? Und was tat er? Die Antwort sollte mittlerweile offensichtlich sein.

Die Ansicht, die in diesem Buch über Jeschua und seine Identität vermittelt wird, findet sich nicht in erster Linie in den Evangelien, der Apostelgeschichte und den Briefen. Diese Offenbarung ist ein Teil der Weltsicht in den johanneischen Schriften. Sie bildet den Abschluss der Entwicklung der Erkenntnis der Apostel über die Göttlichkeit Jeschuas.

[Es ist interessant zu beobachten, wie Gott die genauen Gegensätze der menschlichen, natürlichen Begabungen gebraucht, um Seine Ziele zu erreichen. Petrus war ein ungebildeter, nichtreligiöser Fischer aus Galiläa und Gott sandte ihn, um den hochgebildeten religiösen Führern in Jerusalem sein Evangelium zu predigen. Paulus war ein selbstgerechter, ultraorthodoxer Jeschivastudent in Jerusalem und Gott sandte ihn aus, um unter den Heiden die internationale Gemeinde zu gründen. Johannes war auf menschlicher Ebene Jeschuas nächster Freund. Ihn erwählte Gott, um ihm Jeschuas feurige und himmlische Seite am deutlichsten zu offenbaren.]

Johannes kannte ihn als Mensch und Gott. Auch wir glauben, dass Jeschua sowohl Mensch als auch Gott ist.

> *... von seinem Sohn Jesus Christus, unserm Herrn, der geboren ist aus dem Geschlecht Davids nach dem Fleisch, und nach dem Geist, der heiligt, eingesetzt ist als Sohn Gottes in Kraft durch die Auferstehung von den Toten* (Röm 1,3-4).

Vor einiger Zeit habe ich über diese Verse nachgedacht. Jeschua wird hier beschrieben als Sohn Davids (V. 3) und als Sohn Gottes (V. 4). In meinem Herzen fragte ich mich, welches davon wichtiger ist, und dachte bei mir: „Natürlich ist es wichtiger, der Sohn Gottes zu sein." Da spürte ich in meinem Herzen den Heiligen Geist sagen: „Nein." Überrascht fragte ich mich, ob es denn wichtiger sei, der Sohn Davids zu sein. Wiederum spürte ich ein „Nein" des Heiligen Geistes. Ich war verwirrt, bis mir durch die leise Stimme Gottes die Lösung offenbart wurde: „Am wichtigsten ist, dass er beides in einem war." Der Schlüssel, den Messias zu verstehen, ist die Tatsache, dass er sowohl göttlich als auch menschlich ist.

In den letzten Jahren wurden die beiden Seiten dieser Frage unter messianischen Leitern hier in Israel eingehend besprochen. Eine kleine Gruppe von Leitern bestreitet Jeschuas Göttlichkeit und eine andere Minderheit seine Menschlichkeit. Die große Mehrheit der Pastoren und Ältesten sind aber von seiner doppelten Natur tief überzeugt.

Wie wir Jeschua sehen, beeinflusst, wie wir uns selbst sehen. Wir sind im Ebenbild Gottes geschaffen (**1 Mo 1,27**). Jeschua ist dieses Ebenbild Gottes für uns und in uns. Diejenigen, die glauben, sie stammen von den Affen ab, werden notwendigerweise eine geringe Meinung über die menschliche Natur haben. Unsere Herkunft bestimmt unseren Ausgang. Wir sehen uns selbst nicht als eine Weiterentwicklung von Affen, sondern als Sünder, die Buße tun und zu verherrlichten Kindern Gottes im Ebenbild Jeschuas verändert werden.

Wie wir ihn sehen, entscheidet, wie wir unsere Bestimmung sehen. Mit jeder weiteren Stufe der Offenbarung darüber, wer Jeschua ist, erhalten wir auch ein tieferes Verständnis über unsere eigene Bestimmung in ihm. Wir sind in ihm, und er ist in uns. Jede Stufe der Identität bringt eine höhere Stufe der Autorität.

Simon (Petrus) war die Erkenntnis über Jeschua als König Israels offenbart worden (**Mt 16**). Jeschua sagte ihm, diese Erkenntnis sei nicht menschlich und natürlich, sondern himmlisch und übernatürlich (**V.17**). In diesem Moment erhielt Petrus geistliche Autorität. Was er auf Erden binden oder lösen würde, sollte so auch im Himmel geschehen sein (**V.18-19**). Dasselbe hat heute Gültigkeit für jeden, der sich diese Offenbarung im Glauben zu eigen macht.

Die Offenbarung, dass Jeschua das Haupt der Gemeinde ist, wurde Scha'ul (Paulus) in **Epheser 1** zuteil. Jeschua stieg in den Himmel hinauf über jede Gewalt und Macht (**V.20-21**). Scha'ul erkannte dies durch eine Offenbarung, die ihm gegeben wurde. Er betete dafür, dass wir dieselbe Erkenntnis erhalten möchten (**V.17-18**). Diese Erkenntnis wird uns dieselbe Macht und Autorität verleihen, welche Jeschua hat, sowohl in dieser Welt wie auch in der kommenden. Im Geist befinden wir uns mit ihm in himmlischen Örtern (**Eph 2,6-7**).

Die erste Stufe unserer Bestimmung wird uns in den Evangelien durch Petrus offenbart; die zweite Stufe durch Paulus in seinen Briefen. Die oberste Stufe wird uns durch Johannes im Buch der Offenbarung offenbart.

Wenn wir über die Vision Jeschuas in der Offenbarung nachdenken, findet eine Veränderung in uns statt. Wenn wir verstehen, wer er wirklich ist, verstehen wir auch, wer wir in ihm wirklich sind. Seine Augen sind wie Feuerflammen. Er trägt viele Kronen. Er ist weiß gekleidet mit einem goldenen Band auf Seiner Brust. Ein Schwert kommt aus seinem Mund. Sein Haar ist weiß wie Wolle und sein Gesicht scheint wie die Sonne.

Wenn wir dieses Bild verinnerlichen, verändert es uns. Feuer kommt aus unseren Augen. Wir besitzen neue Kraft, Leidenschaft und Reinheit. Heiligkeit und Inbrunst verbrennen alle Fleischlichkeit und Weltlichkeit. Wir erhalten eine himmlische Perspektive über das Königreich. Wir werden vorbereitet auf Sein Kommen und auf die geistliche Kampfführung, welche zu diesem Kommen führen wird. Unsere Seelen werden erfüllt von Gnade.

Möge Gott uns Erkenntnis geben, wer Jeschua ist, so wie es Petrus, Paulus und Johannes offenbart wurde. Und mögen wir verändert werden, wie er zu sein!

ZUSAMMENFASSUNG

Der geheimnisvolle Mann

Dieser zusätzliche Teil soll zwei Zwecken dienen. Erstens als eine kurze Zusammenfassung über alles, was wir in diesem Buch gelernt haben. Hier werden die wichtigsten Stellen noch einmal gebündelt und abgekürzt zitiert.

Zweitens ist dieser Teil so geschrieben, dass er auch einem Menschen, der noch nicht an Jeschua glaubt, ausgehändigt werden kann – sowohl einem nichtreligiösen Akademiker als auch einem religiösen Juden. Er darf kopiert und separat als Werkzeug für Dialog und Diskussion benutzt werden.

Es gibt eine erstaunliche Gestalt, welche in der hebräischen Bibel immer wieder auftaucht. Sie ist zugleich Botschafter Gottes und doch selbst Gott. Handelt es sich dabei um einen Menschen, einen Engel oder um Gott? Sie erscheint unseren Vorvätern viele Male. Schauen wir uns einige Beispiele an.[1]

Abraham

Die meisten von uns sind mit der Vorstellung aufgewachsen, dass es unmöglich ist, Gott zu sehen, und dass er keine sichtbare Gestalt hat. Und ganz bestimmt würde er nicht in der Gestalt eines Menschen auftreten. Aber genau dies passierte unserem Vater Abraham.

Es steht geschrieben, dass Gott ihn persönlich in der Gestalt eines Menschen besuchte, als er sich bei den Eichen zu Mamre befand.

> *Dann erschien ihm JHWH bei den Eichenbäumen zu Mamre, als er in der Öffnung des Zeltes saß in der Hitze des Tages. Und er hob seine Augen und sah, siehe drei Männer standen bei ihm. Und als er sie sah, rannte er von der Zeltöffnung, um sie zu treffen, und beugte sich zu Boden* (**1 Mo 18,1-2**).

Abraham sah drei Männer. Zwei davon waren Engel, die weiterzogen nach Sodom, um die Stadt zu zerstören (1 Mo 19,1). Der Dritte von ihnen wird durch das ganze Kapitel hindurch als JHWH bezeichnet und Abraham behandelt ihn in jeder Hinsicht als Gott.

Gleichzeitig verhält sich diese Person in jeder Hinsicht menschlich und nimmt sogar an einer Mahlzeit teil, zu welcher Fleisch und Milch gehörte. Abraham und dieser „Mann" besprechen Sarahs bevorstehende Schwangerschaft und die Geburt Isaaks, aber auch die drohende Zerstörung Sodoms. Dieser „Mann" beansprucht sogar, der Urheber dafür zu sein, dass Sarah nach ihrer langen Zeit der Unfruchtbarkeit noch schwanger

---

[1] Es wäre von Vorteil, wenn du in der Bibel nachschlagen würdest. So kannst du die hier zitierten Schriftstellen selbst nachprüfen.

wird. Abraham spricht mit diesem „Mann“, als hätte dieser die Autorität zu entscheiden, ob Sodom zerstört werden müsse oder nicht. Und dieser „Mann“ besitzt scheinbar die „Feuerkraft“, diese Entscheidung auch auszuführen.

Wer könnte diese Person sein? Es kann sich doch nicht um Gott handeln, da diese Person in der Gestalt eines Menschen erscheint und sich wie ein Mensch verhält. Andrerseits kann es kein Mensch sein, da Abraham sich auf die Person als Gott bezieht, der alle Autorität und Göttlichkeit zusteht. Sie scheint alle menschlichen und göttlichen Eigenschaften zu besitzen. Es scheint ein Gott-Mensch zu sein bzw. Gott in der Form eines Menschen, der auf die Erde kam, um Abraham zu besuchen.

Jakob

Dieser Gott oder Mensch erscheint auch Jakob. Jakob kehrt nach einer langen Zeit im Exil und der Arbeit für seinen Schwiegervater Laban nach Israel zurück. Er fürchtet sich vor einem Treffen mit seinem Bruder Esau, welcher bei ihrem letzten Treffen (20 Jahre vorher) damit gedroht hatte, ihn umzubringen. Nachts, während er sich darauf vorbereitet, den Fluss Jabbok zu überqueren, macht Jakob eine außergewöhnliche Erfahrung mit einem geheimnisvollen Mann.

> *... Und Jakob blieb allein zurück. Da rang ein Mann mit ihm, bis die Morgenröte heraufkam* (1 Mo 32,25).

Während diesem Ringen schlägt der Mann auf Jakobs Hüftgelenk, sodass dieses verrenkt wird. Jakob bittet den Mann, ihn zu segnen. Darauf reagiert der Mann, indem er Jakobs Namen umändert und ihn Israel nennt. Als der Mann ihn verlässt, nennt Jakob den Ort Pnuël (Angesicht Gottes), da er glaubt, dass der Mann, mit welchem er rang, tatsächlich Gott war.

> *... ich habe Gott von Angesicht gesehen, und doch wurde mein Leben gerettet* (1 Mo 32,31).

Für den Fall, dass Jakob der Gedanke kommen sollte, er bilde sich dieses Zusammentreffen im Nachhinein nur ein, musste er feststellen, dass er die nächsten paar Wochen vor Schmerzen in seiner Hüfte hinkte. Dies war ein reales Zusammentreffen mit jemandem, den Jakob als Gott bezeichnete.

Falls darüber immer noch Zweifel bestehen sollten, bestätigt die Thora nochmals, dass es tatsächlich „Elohim“, Gott selbst, war, der Jakob bei Pnuël gesegnet hat. Die Thora bestätigt sogar die Bundesverheißungen, die er Abraham gegeben hatte (**1 Mo 35,9-13**).

Diese Person wird also von Jakob und der Thora Gott genannt. Und doch wird er auch als „Mann“ bezeichnet. Er ringt eine ganze Nacht lang körperlich mit Jakob, beansprucht aber auch alle Autorität Gottes im Bund Abrahams. Wie kann dies sein? Wer könnte dies sein? Ist er Gott oder ein Mensch?

Mose

Auch Mose erlebt einige Begegnungen mit einem geheimnisvollen Wesen. Manchmal erscheint es ihm als ein Engel und manchmal als JHWH selbst. Das erste Mal begegnete er ihm im brennenden Busch. In **2. Mose 3,2** wird diese Person Engel des Herrn genannt, aber unmittelbar danach, in Vers 4, Gott und JHWH.

> *Und der Engel JHWHs erschien ihm in einer feurigen Flamme aus dem Dornbusch* (2 Mo 3,2).
>
> *Als aber JHWH sah, dass er hinging, um zu sehen, rief Gott ihn aus dem Busch …* (2 Mo 3,4).

Wichtig ist hier der Ausdruck „aus dem Busch“. In Vers 2 ist der Engel im Dornbusch. In Vers 4 ist Gott im Dornbusch. Sie befanden sich also beide im Busch. Was ist geschehen? Waren da zwei, die den Platz tauschten? Oder war da nur der Engel Gottes, welcher im Namen Gottes sprach, aber selbst nicht Gott war? Oder können wir behaupten, dass dieses Wesen gleichzeitig sowohl Engel als auch Gott war?

Das Wort „Engel“ bedeutet Botschafter. Er kann also nicht Gott selbst sein, da er ein Botschafter Gottes ist. Andererseits kann er nicht einfach nur ein Engel sein, da er während der ganzen Begegnung als Gott spricht. In Vers 14 bezeichnet er sich selbst sogar als „Ich bin, der ich bin". Einen deutlicheren Anspruch auf Göttlichkeit gibt es nicht. Mose scheint ihm zu glauben, denn in tiefem Respekt vor der Heiligkeit dieses Ortes zieht er seine Schuhe aus.

Der gleiche Vorgang spielt sich bei der Durchquerung des Roten Meers ab. Hier ist dieses geheimnisvolle Wesen nicht in einem brennenden Busch, sondern in einer Wolken- und Feuersäule. Einmal wird diese Person Engel und im nächsten Moment JHWH genannt.

> *Und JHWH zog vor ihnen her, des Tages in einer Wolkensäule ... und des Nachts in einer Feuersäule* (2 Mo 13,21).
>
> *Da erhob sich der Engel JHWHs, der vor dem Heer Israels herzog ... und die Wolkensäule vor ihnen machte sich auf ...* (2 Mo 14,19).
>
> *... da schaute JHWH aus der Feuersäule und der Wolke auf das Heer der Ägypter ...* (2 Mo 14,24).

In den Versen 13,21 und 14,24 sagt die Thora ganz klar, dass sich JHWH in der Wolkensäule befand. In 14,19 steht geschrieben, dass es der Engel JHWHs war. Wer war es nun? Wie kann eine Person gleichzeitig Engel und JHWH sein?

Etwas später lüftet dieses geheimnisvolle Wesen etwas von der Wolke um sich und zeigt sich den 74 Ältesten Israels unverhüllt.

> *Da stiegen Mose und Aaron, Nadab und Abihu und siebzig von den Ältesten Israels hinauf und sahen den Gott Israels. Unter Seinen Füssen war es wie ein schöner Saphir ... Und er reckte seine Hand nicht aus wider die Obersten in Israel. Und da sie Gott geschaut hatten, aßen und tranken sie* (2 Mo 24,9-11).

Dies ist erstaunlich. Man hat uns doch immer gesagt, es sei unmöglich, Gott zu sehen, und Gott könne niemals die Form eines Menschen haben. Hier jedoch sahen ihn viele Menschen. Sowohl in Vers 10 als auch in Vers 12 wird wiederholt, dass sie Gott sahen. Das Wort für Gott ist hier Elohim. Sie sahen Elohim.

Der Abschnitt sagt im Weiteren, dass sie seine Füße sahen. Das hebräische Wort bezeichnet eigentlich seine Beine. Dieses Wesen, das sie sahen, hatte die Form eines Menschen. Und sie aßen in seiner Gegenwart als Bestätigung, dass diese Begegnung wirklich stattfand. Es handelte sich um keine Einbildung. Diese Begegnung mit Gott war so echt, dass die Thora sogar festhält, wie außergewöhnlich es war, dass Gott Seine Hand nicht ausstreckte, um sie zu töten.

Im brennenden Busch, am Roten Meer und auf dem Berg Sinai sehen wir eine einzigartige Gestalt, welche manchmal als Mensch, manchmal als Engel, manchmal als Gott, und manchmal als Elohim bezeichnet wird.

Josua

Diese außergewöhnliche Person erschien auch Josua, und zwar in einer noch etwas anderen Form. In der Nacht vor der Schlacht um Jericho befindet sich Josua allein auf einem Feld, wo er die folgende ungewöhnliche Begegnung hat:

> *Und es begab sich, da Josua bei Jericho war, dass er seine Augen aufhob und ward gewahr, dass ein Mann ihm gegenüberstand und hatte sein bloßes Schwert in seiner Hand. Und Josua ging zu ihm und sprach zu ihm: Gehörst du uns an oder unseren Feinden?*
> *Er sprach: Nein, sondern ich bin ein Fürst über das Heer JHWHs und bin jetzt gekommen. Da fiel Josua auf sein Angesicht zur Erde und betete an und sprach zu ihm: Was sagt mein HERR seinem Knecht?*
> *Und der Fürst über das Heer JHWHs sprach zu Josua: Zieh deine Schuhe aus von deinen Füssen; denn die Stätte, darauf du stehst, ist heilig. Und Josua tat also* (Jos 5,13-15).

Hier ist ein „Mann", der zu Josua kommt (Vers 13). Er ist ein Mann, doch ist er auch der Fürst des Heeres JHWHs. Dieses Heer besteht aus Kampf-Engeln. Folglich ist diese Person ebenfalls ein Engel oder zumindest der Anführer von Engeln. Doch Josua nennt ihn Herr und beugt sich vor ihm nieder.

Dieser Anführer des Engelheeres befiehlt ihm, seine Schuhe auszuziehen, da die Stätte, auf der er stehe, heilig sei. Diese Aussage zeigt uns, dass die Person, die Josua hier erscheint, behauptet, dieselbe zu sein, die Mose im brennenden Busch erschien. Und die Person im brennenden Busch war JHWH, der Gott Israels.

Josua sieht ihn klar und spricht offen mit ihm wie mit einem Mann, und dann betet er ihn als Gott an. Wie ist dies möglich? Wer kann dies sein? Wer auch immer er ist, er verbindet in einer Person die Eigenschaften Gottes und eines Menschen, die Eigenschaften JHWHs und eines Engels. Was wir sicher wissen, ist, dass er derjenige war, der Josua in die Schlacht um Jericho führte.

Hesekiel

Das Rätsel wird noch geheimnisvoller, wenn wir zum Propheten Hesekiel kommen. Seine Begegnung ist so außergewöhnlich, dass die Rabbiner in einer offiziellen Warnung vom Lesen dieses Kapitels abraten (Babylonischer Talmud, Hagiga 14 B).

Hesekiel sah die Herrlichkeit Gottes. Er sah Cherubime und einen Wagen. Er sah Feuer und Blitz und Räder, die sich in Rädern drehten. Es war die größte Vision des Gottes Israels, die je einem Menschen zuteilwurde. Hesekiel 1 beschreibt die Einzelheiten.

Über der Wolke der Herrlichkeit sah Hesekiel ein Firmament, wie ein kristallenes Meer, welches Himmel und Erde in der geistlichen Sphäre teilt. Über diesem Firmament, über der Wolke der Herrlichkeit und den Cherubinen, befand sich ein Thronsitz, ein Thron.

> *Und oberhalb der Ausdehnung, die über ihren Häuptern war, war das Gebilde eines Thrones, anzusehen wie ein Saphirstein. Oben auf dem Gebilde des Thrones aber saß eine Gestalt, anzusehen wie ein Mensch.*

> *Ich sah auch etwas wie Goldschimmer, wie das Aussehen eines Feuers inwendig ringsum; von der Erscheinung seiner Lenden nach oben hin und von der Erscheinung seiner Lenden nach unten hin sah ich wie das Aussehen eines Feuers, und ein Glanz war rings um ihn her* (Hes 1,26-27 (SLT).

Kein Wunder, dass die Rabbiner eine Warnung aussprachen. Diese Vision ist absolut explosiv. Die Herrlichkeit Gottes sieht aus wie ein Atompilz. Es gibt übernatürliche Kreaturen, offene Himmel, den mystischen Wagen Gottes. Und genau im Zentrum all dieser Herrlichkeit befand sich ein Thronsitz. Im Hebräischen ist das Wort für Thronsitz und Thron dasselbe. Und auf diesem Thron der Herrlichkeit war ein Mensch! Oder zumindest jemand, der aussah wie ein Mensch. Er war kein gewöhnlicher Mensch, sondern einer, von dem Nuklearkraft und Feuer ausging.

Ist dies Gott? Oder ist es ein Mensch? Oder ist es Gott, der aussieht wie ein Mensch? Es ist der Allmächtige Gott, der in Gestalt eines Menschen in Herrlichkeit erscheint. Diesen Gott-Menschen versuchten die Rabbiner vor dem jüdischen Volk zu verbergen. Wenn man versteht, was Hesekiel sah, muss man entweder an diesen Gott-Menschen glauben oder es macht einen verrückt. Neutral kann man hier nicht bleiben.

Daniel

Der Prophet Daniel sah einen geheimnisvollen Mann, der Kraft und Autorität über die Nationen der Welt empfing.

> *Ich sah in den Nachtgesichten, und siehe, es kam einer mit den Wolken des Himmels, gleich einem Sohn des Menschen; und er gelangte bis zu dem Hochbetagten und wurde vor ihn gebracht. Und ihm wurde Herrschaft, Ehre und Königtum verliehen, und alle Völker, Stämme und Sprachen dienten ihm; seine Herrschaft ist eine ewige Herrschaft, die nicht vergeht, und sein Königtum wird nie zugrunde gehen* (Dan 7,13-14 SLT).

Hier sehen wir in Wirklichkeit zwei Gestalten. Eine sitzt auf dem Thron und die andere wird vor diese gebracht. Die Sitzende wird als „der Hochbetagte" bezeichnet. Wir können annehmen, dass es sich hier um Gott, unseren himmlischen Vater handelt, den ewigen Schöpfer. Aber wer ist die andere Person?

Sie wird als einem Menschenwesen „gleich" beschrieben und könnte als Mensch bezeichnet werden, aber dann auch wieder nicht. „Ihm" wird die Regierungsgewalt über alle Nationen der Welt verliehen. Alle Völker dienen ihm und beten ihn an. Seine Herrschaft ist nicht nur politisch zu verstehen, sondern ein ewiges Königtum.

Sein Königreich wird nicht durch eine politische Auseinandersetzung auf Erden gebildet. Er erhält die Regierungsautorität direkt von Gott im Himmel in einer geistlichen Transaktion. Sein Königreich ist nicht zeitlich begrenzt, sondern wird für immer bestehen. Es ist sowohl ein Regierungssystem als auch ein geistliches Königreich. Wer kann dieser einzigartige König sein?

Er ist der Eine, der zum Zentrum des jüdischen und christlichen Glaubens geworden ist. Er ist der Messias. Nun ist nur noch seine Identität zu bestimmen.

Der geheimnisvolle Mann

Juden pflegen eine Abneigung gegen Jeschua, der in der christlichen Welt als Jesus bekannt ist. Dafür gibt es viele Gründe. Zum Teil wegen unserer (der Juden) Sünden, zum Teil wegen der Sünden der Christen, und zum Teil wegen der Lügen von Menschen, die weder Christen noch Juden waren. Einer der schwerwiegendsten Gründe ist jedoch genau die Vorstellung, dass jemand gleichzeitig Gott und Mensch sein könnte. Dieser Gedanke scheint so schwer zu fassen, so unmöglich, so „unjüdisch" zu sein.

Es ist jedoch die Erfahrung unserer Patriarchen und Propheten, die bestimmt, was jüdisch ist. Sie schrieben die Bibel und von dort erhalten wir unser Wissen darüber, wer Gott ist und was er von uns will. In diesen Schriften finden wir eine Gestalt, welche als Gott in Menschenform erscheint. Er erschien im Laufe der Geschichte des alten Israel vielen unserer Vorväter.

Die hebräische Bibel beschreibt tatsächlich jemanden, dessen Eigenschaften eine Kombination aus göttlich und menschlich ist. Die Tatsache, dass Er von unseren religiösen Führern bis heute so radikal abgelehnt wird, zeigt umso mehr, wie einzigartig er ist. In jedem Stamm und jeder Nation gibt es bereits Menschen, die an Ihn glauben.

Als Mensch war er der Sohn Davids, ein Jude und ein Sabra-Israeli. Als Gott jedoch hatte er die Eigenschaften, von denen wir in den Begegnungen mit Abraham, Jakob, Mose, Josua, Hesekiel und Daniel lasen. Und es gibt noch viele andere Beispiele. Wie würdest du jemanden nennen, der sowohl göttliche als auch menschliche Eigenschaften hat? Jemand, der wie ein von Gott gesandter Engel war, der jedoch mit der Vollmacht Gottes sprach?

Die Bibel nennt ihn Messias, den Sohn Gottes (**Ps 2,2-9**). Sein Name ist Jeschua. Dies ist ein hebräischer Name, der „Gott rettet" bedeutet. Er ist nicht mehr und nicht weniger Gott als der geheimnisvolle Mensch, der unseren Vorvätern begegnete. Er hat sowohl menschliche als auch göttliche Eigenschaften. Es ist dieselbe Person. Es handelt sich um denselben Glauben. Er ist Jeschua. Er ist die Auflösung des Geheimnisses.

Anhänge

Anhang 1

Referenzliste der göttlichen Erscheinungen in den hebräischen Schriften

1 Mo 3,8	Elohim JHWH geht im Garten.
1 Mo 7,16	Gott verschließt die Türe zu Noahs Arche.
1 Mo 11,5	Gott steigt zum Turm von Babel herab.
1 Mo 12,7	JHWH erscheint Abraham.
1 Mo 15,1	Abraham sieht und hört das Wort-JHWH in Person.
1 Mo 16,7	Der Engel JHWH findet Hagar auf ihrer Flucht.
1 Mo 17,1	JHWH erscheint Abraham.
1 Mo 18,1	JHWH besucht Abraham in der Gestalt eines Mannes bei Mamre und zwei Engel begleiten ihn. Er verbringt den Tag mit Abraham.
1 Mo 22,15	Der Engel JHWH schreitet beim Opfer Isaaks ein.
1 Mo 26,2	JHWH erscheint Isaak in Gerar.
1 Mo 26,24	JHWH erscheint Isaak nachts in Beer Sheva.
1 Mo 28,13	JHWH steht oben auf der Leiter, die Jakob in einem Traum sieht.
1 Mo 31,11	Der Engel Gottes, der Gott von Beth El, erscheint Jakob in einem Traum über Schafe.

1 Mo 32,25	Ein Mann kämpft mit Jakob die ganze Nacht bei Peniel.
1 Mo 35,9	Elohim, El Schaddai wird von Jakob gesehen.
1 Mo 48,3	Jakob erzählt Joseph von Gottes Erscheinung bei Beth El.
2 Mo 3,2	Der Engel JHWHs erscheint Mose im brennenden Busch; in Vers 4 wird er als JHWH bezeichnet, in Vers 15 als Elohim.
2 Mo 4,24	JHWH versucht Mose zu töten, weil er seinen Sohn nicht beschnitten hatte.
2 Mo 13,21	JHWH geht vor Israel her in einer Wolkensäule. In 14,9 wird er als Engel Elohims bezeichnet, in 14,24 als JHWH.
2 Mo 17,6	JHWH steht auf dem Felsen, um Wasser hervorzubringen.
2 Mo 24,10	74 Älteste Israels sehen den Gott Israels auf dem Berg. In Vers 11 wird er als Elohim bezeichnet.
2 Mo 33,9	JHWH kommt herab und steht am Eingang des Zeltes.
4 Mo 11,25	JHWH kommt herab, um den Heiligen Geist zu geben.
4 Mo 22,22	Der Engel JHWHs kommt zu Bileam auf dem Esel. In Vers 9 wird er Elohim genannt, in Vers 28 JHWH.
5 Mo 31,15	JHWH erscheint Mose und Josua bei der Stiftshütte in einer Wolkensäule.
Jos 5,13	Ein Mann mit gezogenen Schwert steht vor Josua am Vorabend der Schlacht um Jericho. Er wird in Vers 14 Fürst über das Heer JHWHs genannt, in Vers 15 steht Josua auf heiliger Stätte.

Ri 2,1	Der Engel-JHWH besucht die Israeliten bei Gilgal.
Ri 6,12	Der Engel-JHWH erscheint Gideon; in Vers 14 wird er JHWH genannt.
Ri 13,3	Der Engel-JHWH erscheint Manoachs Frau, in Vers 22 wird er Elohim genannt.
1 Sam 3,10	JHWH steht neben Samuels Bett; in Vers 7 wird er Wort JHWHs genannt.
1 Kö 3,5	JHWH erscheint Solomon bei Nacht im Traum (vgl. 2 Chr 1,7).
1 Kö 9,2	JHWH erscheint Solomon zum zweiten Mal (2 Chr 7,12).
1 Kö 19,5-7	Der Engel-JHWH bereitet Essen für Elia, in Vers 5 wird er Engel genannt.
1 Kö 22,19	Micha sieht JHWH auf dem Thron sitzen.
2 Kö 1,3	Der Engel-JHWH spricht mit Elia.
2 Kö 1,15	Der Engel-JHWH spricht noch einmal mit Elia.
1 Chr 21,16	Der Engel-JHWH steht vor David zwischen Himmel und Erde mit seinem gezogenen Schwert bei der Tenne Ornans (2 Sam 24,16).
Hiob 1,6	Die Söhne Gottes und Satan erscheinen vor JHWH.
Hiob 2,1	Die Söhne Gottes und Satan erscheinen vor JHWH.
Hiob 38,1	JHWH erscheint Hiob in einem Gewittersturm.
Jes 6,1	Jesaja sieht Adonai auf dem Thron, Er wird in Vers 3 JHWH der Heerscharen genannt, und in Vers 5 König, JHWH der Heerscharen.
Jes 37,36	Der Engel JHWH erschlägt 185 000 Assyrer in

	einer Nacht nach Hiskias Gebet (2 Kö 19,35).
Hes 1,26	Hesekiel sieht einen in der Gestalt eines Menschen auf dem Thron über der Herrlichkeit und den Cherubim.
Hes 3,23	Hesekiel sieht die Herrlichkeit zum zweiten Mal.
Hes 8,2	Hesekiel sieht zum dritten Mal einen Mann aus Feuer und Herrlichkeit; in Vers 1 wird er Adonai JHWH genannt.
Hes 10,1-3	Hesekiel sieht zum vierten Mal einen Menschen auf dem Thron der Herrlichkeit.
Hes 43,2-7	Hesekiel sieht zum fünften Mal einen Menschen auf dem Thron der Herrlichkeit.
Hes 44-46	Der erhobene Prinz betritt das erneuerte Heiligtum des Millenniums.
Dan 3,25	Nebukadnezar sieht einen vierten Mann im Feuerofen und nennt ihn „Sohn der Götter“.
Dan 7,13	Einer gleich einem Menschensohn wird vor den „Hochbetagten“ gebracht.
Dan 10,5-6	Daniel sieht einen Mann mit Feuer.
Amos 7,7	Amos sieht Adonai mit einem Senkblei in der Hand neben einer Mauer stehen.
Amos 9,1	Amos sieht Adonai am Altar stehen.
Sach 1,11	Engel-JHWH steht zwischen den Myrten.
Sach 3,1	Sacharja sieht Engel-JHWH neben dem Hohepriester Jeschua stehen. In Vers 2 wird er JHWH genannt.
Sach 14,4	Die Füße JHWHs werden auf dem Ölberg stehen.

Anhang 2

Der Göttliche Engel – Textkritik und die vergessene Legende

Von Solomon Intrater

Kürzlich habe ich meinen Bachelor an der Hebräischen Universität abgeschlossen. Mein Abschluss ist in „Bibel“, sprich den hebräischen Schriften. Dieses Studienfeld müsste eigentlich als *Textkritik* der hebräischen Schriften bezeichnet werden. Meine Professoren waren säkulare oder religiöse jüdisch-israelische Akademiker. Ihr Zugang zu den Schriften ist natürlich recht anders als der des traditionellen Christen- oder Judentums. Manche von ihnen glauben noch immer an Gott und halten das israelische Erbe in Ehren, ohne aber an die göttliche Inspiration der Schriften zu glauben, sondern eher an die menschlichen Traditionen.

Textkritik ist etwas ganz Anderes als *Theologie*. Theologie geht von den Schriften aus, setzt voraus, dass diese vollständig und perfekt sind, und entwickelt davon ausgehend eine Theorie, die Gott auf Grundlage der Schrift auf widerspruchsfreie Weise beschreibt. Obwohl auch die Textkritik nie ganz objektiv sein kann (je nach Theologie, Kultur, Charakter oder persönlicher Erfahrung), so ist sie doch sachlicher und vor allem mit dem Text an sich beschäftigt. Theologie ist für sie irrelevant. Der Text wird nicht als vollständig und perfekt angenommen. Alle Texte der hebräischen Bibel werden analysiert und in Frage gestellt.

Ich habe mich entschieden, meine Abschlussarbeit über den Engel-JHWH zu schreiben, weil mein Vater oft über ihn predigt, und ich mich selbst mit diesem Begriff oft auseinandergesetzt habe. In meiner Arbeit verglich ich die Erscheinungen des *malach jhwh* (Engel-JHWH) und des *malach ha'elohim* (Engel Gottes). In englischen Bibeln wird der original hebräische Ausdruck auf verschiedene Arten übersetzt (wie zum Beispiel: der Engel des HERRN, der göttliche Botschafter, ein Engel des HERRN, ein Botschafter Gottes). So besteht die Gefahr, dass die Bedeutung der Nominalkonstrukte (Wort-Verbindungen) in vergleichbaren Texten des Originaltextes in der Übersetzung verloren geht, was eine korrekte Auslegung gefährdet. Ich verglich die verschiedenen Abschnitte, in denen dieser spezielle Ausdruck vorkommt und analysierte die verschiedenen Wort-Verbindungen in vergleichbaren Texten, wie zum Beispiel ähnliche Funktionen, Merkmale, Terminologie oder Zitate.

Meine These war, dass es sich bei den verschiedenen Erscheinungen in den meisten Fällen um ein und dieselbe Person handelt. Ein anderer Ansatz wäre, davon auszugehen, dass wir es bei jedem Auftreten mit einem anderen Engel, einer anderen Art von Engeln oder einfach beliebigen Engeln zu tun haben. Eine Schwierigkeit bestand im Fehlen einer Unterscheidung zwischen bestimmten und unbestimmten hebräischen Nomen. Oft könnte die Übersetzung sowohl „ein Engel des HERRN" als auch „der Engel des HERRN" lauten.

Eine weitere Schwierigkeit ist die Tatsache, dass diese Person in vielen Fällen göttliche Eigenschaften besitzt, mit Gott in Verbindung gebracht wird oder eine göttliche Handlung ausführt. Dafür gibt es verschiede textliche Erklärungen: die verschiedenen Erzählungen können aus antiken Quellen von Nachbarreligionen entnommen sein, in welchen die Götter nicht gestaltlos sind, sondern sichtbar werden und mit Menschen interagieren; die verschiedenen Erzählungen der Bibel stammen aus verschiedenen, unabhängigen Quellen und Traditionen; der Originaltext wurde verfälscht und überarbeitet, wobei ein Engel an die Stelle Gottes gestellt wurde, um die alte Theologie zu verdrehen, in welcher Gott nicht gestaltlos, sondern sichtbar war und mit Menschen verkehrte; der Originaltext wurde verfälscht und überarbeitet, um die Engel zu entstellen und sie zu Gott selbst zu machen, weil sie im Monotheismus als ketzerisch galten.

Meine Studie beginnt mit einem Eindruck aus der Geschichte von Manoachs Frau und dem Engel in Richter 13. Sie wird im Feld von einem Individuum besucht und erzählt ihrem Mann Manoach davon. Zusammen rätseln sie über diese Begegnung: „Ein Mann Gottes ist zu mir gekommen und sein Gesicht war wie das eines *malach ha'elohim*, überaus schrecklich. Ich fragte ihn nicht, woher er komme, und er hat mir seinen Namen nicht genannt ..." (Vers 6). Diese Israeliten begegnen einem Individuum und sie fragen sich, ob er wirklich derjenige sein könnte, dessen Legende sie und ihr Volk gut kennen. Manoach betet zu Gott, er möge diese Gestalt ein zweites Mal senden, und sein Gebet wird erhört. Nachdem der Engel seine Botschaft wiederholt, nimmt die Geschichte ab Vers 15 eine andere Wendung: Sie befragen ihn, laden ihn ein zu bleiben und wollen ihm auch ein Opfer bringen. Es scheint, als wären sie jetzt sicher, dass es sich bei diesem Wesen tatsächlich um den *Einen* handelt. Als Antwort auf ihre Neugier bezüglich seiner Identität, steigt der Engel inmitten der Flammen ihres Opfers auf und verschwindet. In Vers 21 steht: „Damals erkannte Manoach, dass es der *malach-JHWH* war." Das Paar fällt auf ihr Angesicht in Furcht, weil sie Gott gesehen haben.

Mein Eindruck aus der Erzählung in Richter 13 ist, dass das Volk Israel im Land Israel nach der Geschichte des Auszugs aus Ägypten und der Landeinnahme ***mit der Tradition des großen göttlichen Engels vertraut sind***. Als dieser Besucher sie trifft, ***denken sie an die Legende, welche ihnen bekannt ist***. Aber erst nachdem der Besucher sagt, was er sagt, und tut, was er tut, sind sie sich sicher, dass er der Eine ist.

In der heutigen religiösen Tradition *ist diese Gestalt etwas in Vergessenheit geraten*. Niemand spricht von ihr, niemand ist sich ihrer bewusst. Im Text hingegen, *sind* die Menschen mit ihr vertraut. Wer ist sie? Was ist sie? Finden wir in der Bibel, dass ein solches Individuum wirklich wiederholt auftritt und in der israelitischen Tradition erkannt wird? Ich befasste mich weiterhin mit dem kritischen Ansatz der Professoren meines Fachbereichs. Dabei entdeckte ich, dass selbst sie eingestanden, dass es eine Art vergessener Tradition gibt, die jedoch im Text enthalten ist. Diese Tradition spricht von einem bestimmten göttlichen Botschafter, der in vielen Ereignissen der Bibel eine Rolle spielte, wie zum Beispiel im Auszug von Ägypten und in der Landeinnahme, die ihnen als Erbe versprochen war. Und diese Person ist irgendwie göttlich.

Die Schlussfolgerung war, dass der Text in vielen dieser Fälle dahin ausgelegt werden darf, dass es sich bei dieser Gestalt um ein bestimmtes und spezifisches Individuum handelt; außerdem gibt es manche Textverbindungen zwischen den verschiedenen Erscheinungen dieses Ausdrucks bzw. dieser Person *malach-JHWH*. Der Text scheint zu sagen, dass es in der israelitischen Tradition ein Wissen um diese spezielle Wesenheit gab und man sie anerkannte. Wenn wir annehmen, dass diese Erscheinungen ein und dieselbe Person beschreiben, so können wir ihr Wesen und ihre Funktion zusammenfassen: Gott, und dennoch nicht Gott selbst (oft ist der Unterschied unbestimmt), erscheint in der Form eines Menschen, unter Gottes Namen und mit seiner Autorität; oft fungiert er als „Retter" oder „Erlöser" – einer, der rettet, aber auch einer, der führt, eine Botschaft ausrichtet, kämpft und bestraft.

Anmerkung: Subtile Hinweise auf eine solche Tradition des Engels-JHWH in biblischer Poesie, Gebet, Prophetie und Konversation finden sich in 1. Mose 48,16; Richter 5,23; 1. Samuel 29,9; 2. Samuel 14,17 und 20; 19,28; Psalm 34,8; 35,5 sowie Sacharja 12,8.

ANHANG 3

Jehova und Jahwe

Worte haben große geistliche Bedeutung. Gott erschuf die Welt mit Worten, und Er regiert die Welt mit Worten. Die Kraft von Worten liegt in ihrer Bedeutung, mehr als in ihrer Aussprache. Oft werde ich gefragt, wie der Name JHWH ausgesprochen werden sollte (Jahwe oder Jehova). Diese Frage geht am eigentlichen Punkt vorbei. In der Thora, den Propheten oder dem Neuen Bund gibt es keinen Hinweis darauf, wie dieser Name auszusprechen ist.

Ein Name ist ein Wort, das eine Person beschreibt. Die Namen in der Bibel hatten prophetische Bedeutung. Sie beschrieben den Charakter einer Person, ihre Bestimmung, ihren Zweck. Wenn wir aber die richtige Betonung suchen, um durch den Klang Kraft zu haben, so sind wir einem Aberglauben verfallen. Suchen wir hingegen die geistliche Bedeutung eines Namens, kommen wir mit der Wurzel seiner Kraft in Berührung.

Wenn ich gefragt werde, wie der Name JHWH auszusprechen ist, so antworte ich folgendermaßen:

Da kam JHWH in einer Wolke herab und trat dort zu ihm und rief den Namen JHWH aus. Und JHWH ging vor seinem Angesicht vorüber und rief: JHWH, der starke Gott, der barmherzig und gnädig ist, langsam zum Zorn und von großer Gnade und Treue; der Tausenden Gnade bewahrt … (2 Mo 34,5-7).

Der Engel JHWHs machte also Mose auf dem Berg Sinai den Namen und die Bedeutung des Namens bekannt. Sein voller Name ist sozusagen eine Liste von Charaktereigenschaften. Es war keine Lehrstunde in Aussprache, sondern eine Erklärung von Gottes Eigenschaften und „Persönlichkeit". Derselbe Engel hatte zu einem früheren Zeitpunkt zu Mose gesagt:

> *Ich bin Abraham, Isaak und Jakob erschienen als „Gott, der Allmächtige" (El Schaddai), aber mit meinem Namen JHWH habe ich mich ihnen nicht geoffenbart* (2 Mo 6,3).

Dies bedeutet nicht, dass das Volk Israel den Namen JHWH nicht kannte oder nicht wusste, wie er auszusprechen war. Es bedeutet, dass sie die volle Bedeutung des Namens, die ihnen erst während des Auszugs aus Ägypten und am Berg Sinai bekannt gemacht wurde, noch nicht erhalten hatten. Wiederum geht es hier nicht um die Aussprache, sondern um die Offenbarung. Wir wissen dies, weil die Buchstaben und der Klang des Namens der Menschheit schon lange vorher bekannt waren, nämlich zur Zeit von Enosch (Henoch).

> *Damals fing man an, den Namen JHWHs anzurufen* (1 Mo 4,26).

Die ersten Patriarchen wussten, wie sie den Namen JHWH anrufen konnten, aber sie kannten nicht die volle Bedeutung des Namens. Die Offenbarung, die sie besaßen, war die Bedeutung des Namens El oder Elohim. Der hebräische Wortstamm von El bedeutet „Kraft". Die Patriarchen kannten Gott als El Schaddai – der Gott der Natur, Versorgung, Kraft und Bewahrung.

Zur Zeit Moses empfing das Volk Israel mehr Offenbarung über Gott, was sein Gericht, seine Erlösung und Heiligkeit anging. Das ist, was sie während des Auszugs aus Ägypten lernten – nicht eine andere Art der Aussprache der Buchstaben.

Der Wortstamm des Namens JHWH bedeutet „zu sein". Biblisches Hebräisch wurde nur mit Konsonanten geschrieben, wie in den Buchstaben JHWH sichtbar wird. Die Hauptfrage ist daher, welche Vokale (Punkte) zu den Konsonanten hinzugefügt werden. Die Vokale können einen Unterschied in der Bedeutung machen. Wenn wir die Vokale „e", „o" und „a" zu den Konsonanten hinzufügen erhalten wir den Namen Jehowah.

In diesem Format steht der „e"-Vokal (sch'wa) für die Zeitform Futur, der „o"-Vokal (holom) für die Zeitform Gegenwart, und der „a"-Vokal für die Vergangenheit. Dies gibt dem Namen Jehowah die Bedeutung „Er wird sein, Er ist, Er war". In anderen Worten: der Ewige. Diese Bedeutung würde zum Verständnis der frühen Patriarchen passen.

Viele Akademiker wählen stattdessen die Form „Jahweh", welche die „verursachende" Form des hebräischen Verbs repräsentiert. Dies hat die Bedeutung „Derjenige, der das Sein verursachte". Das ist eine andere Möglichkeit. Meiner Meinung nach gibt es aber weitere grammatikalische Gründe für die Präferenz von Jehowah.

Hebräische Vokale verändern sich entsprechend der Anzahl der Silben und ihrer Position im ganzen Wort. Wenn das Wort einsilbig ist, wie zum Beispiel „Jah", so ist der a-Vokal korrekt. Auch wenn der Vokal am Wortende steht, wie im Namen Eliyah (Elia), so ist „a" ebenfalls korrekt. Steht der Vokal aber am Anfang eines Wortes mit mehreren Silben, so verändert sich die Aussprache. Dies kann durch eine einfache Suche in einer Bibelkonkordanz nachgewiesen werden.

Namen wie Jehojachin, Jehoschua, Jehojada oder Jehoschafat enthalten alle dieselben Ursprungsbuchstaben wie JHWH, in derselben Reihenfolge. **Alle** Namen dieser Abfolge haben die Vokalfolge „e-o-a". Folgen wir diesem Muster bei JHWH, dann führt uns das wiederum zum Namen Jehowah. Es gibt kein Beispiel in den hebräischen Schriften von einem dreisilbigen Namen mit dem Wortstamm JHWH, welcher nicht die Vokalfolge „e-o-a" aufweist.

Da JEDES Beispiel des Wortstammes JHWH in biblischen Namen die Vokalfolge „e-o-a" aufweist, müsste man sehr überzeugende textuelle oder grammatische Nachweise bringen, um eine davon abweichende Aussprache zu wählen. Es gibt aber keine überzeugende Dokumentation, die gewichtig genug wäre, um die biblischen und grammatikalischen Nachweise zu widerlegen.

Zusammenfassend weisen also sowohl die Bedeutung der Vokale als auch ihre grammatische Form und die Liste der biblischen Beispiele auf die Aussprache Jehowah hin.

Die Aussprache des Namens um der bloßen Aussprache willen macht keinen großen Unterschied. Wäre dies wichtig gewesen, so hätte Jeschua oder einer Seiner Apostel eine Bemerkung gemacht. Religiöse Splittergruppen sowohl im Juden-, als auch im Christentum, propagierten im Laufe der Zeit verschiedene Arten der Aussprache, die aber nicht auf den Schriften beruhen.

(Zum Beispiel bezeichnen manche ultraorthodoxen jüdischen Rabbiner in Jerusalem JHWH mit „D" [*dalet*]. Andere rabbinische Traditionen behaupten, dass Jeschua Wunder wirkte, weil er die korrekte Aussprache des Namens JHWH vom Allerheiligsten „gestohlen", auf einen Zettel geschrieben und in seine Beinkleidung, nahe dem Oberschenkel, gelegt habe [*Toldot Jeschu*, Kapitel 3].)

Die Frage der Aussprache beeinflusst auch den Namen Jeschua. Dieser Name ist eine gekürzte Form von Jehoschua (Josua). Jehoschua wiederum ist eine Zusammenziehung des Ausdrucks Jehowah Joschia (Jehowah rettet). Mit anderen Worten ist der Name JHWH im Namen Jeschua enthalten. Dies erinnert uns an die biblische Prophetie:

> *Siehe, ich sende einen Engel vor dir her, damit er dich behüte auf dem Weg ... Hüte dich vor ihm und gehorche seiner Stimme ... denn mein Name ist in ihm* (2 Mo 23,20-21).

Was für eine wunderbare Prophetie: Der Name JHWH sollte im Namen eines Engels enthalten sein, der die Kinder Israels führen sollte. Dieser Engel JHWH sollte außerdem die Kraft, den Charakter und die Autorität des Namens JHWH tragen. Beide Teile dieser Prophetie wurden erfüllt, als Jeschua Seinen Namen erhielt.

Heutzutage wollen manche Christen und messianische Juden den Namen des Messias als J'schua oder Jahschua schreiben, während viele modernen Israelis Ihn als Jeschu bezeichnen.

Alle diese Formen sind grundsätzlich falsch. Der Name Jeschua steht dreißig Mal im hebräischen Text der nachexilischen Geschichte der Bibel (in Büchern wie Esra und Nehemia).

Jedes Mal wird dabei der Name Jeschua geschrieben. Die Vokalpunkte unter dem „J" bilden ein *tsere*, nicht ein *patach*, *kamats*, oder *sch'wa*; auch nicht ein *segol*. Am Ende des Namens steht immer ein *Ayin*. Man könnte allenfalls den Namen als Jeischu'a aussprechen, aber ganz sicher nicht als J'schua, Jahschua, oder Jeschu.

Für mich persönlich spielt es keine Rolle, wie jemand Seinen Namen ausspricht; ich möchte nur meinen Freunden helfen, sich nicht von jemand mit einem sektiererischen, scheinheiligen oder falschen intellektuellen Geist täuschen zu lassen, der einem sagt, man liege falsch, wenn die Aussprache nicht genau dem entspricht, was er als richtig ansieht (auch wenn seine Version überhaupt nicht richtig ist). Im Vergleich dazu sehen wir, dass die sieben Söhne Skevas alle den Namen Jeschua perfekt aussprachen, aber seine Bedeutung und Autorität nicht verstanden hatten, und daher vom Satan überwunden wurden (**Apg 19,14**).

Der Name Jeschua beinhaltet eine Offenbarung. Der Name und die Autorität von JHWH sind IN diesem Namen. Wir müssen uns keine Sorge machen, wie JHWH richtig ausgesprochen wird, da JHWH in Jeschua enthalten ist, oder, um es mit einem alten Werbeslogan auszudrücken: „Wenn du Jeschua gesagt hast, so hast du alles gesagt."

Ich würde die Offenbarung über den göttlichen Namen folgendermaßen zusammenfassen: „El" steht für Gottes Kraft, „JHWH" steht für Heiligkeit und „Jeschua" für Seine Liebe. Dies sind die drei Haupteigenschaften Gottes: Kraft, Heiligkeit und Liebe. Gott offenbarte der Menschheit Seinen Namen (Seine Charaktereigenschaften) in drei großartigen, progressiven Offenbarungen. Zuerst war Gott als Elohim bekannt, dann als JHWH. Heute können wir ihn in Jeschua kennenlernen.

Anhang 4

JHWH und Jeschua

In Anhang 3 haben wir die Unterschiede zwischen der Aussprache des Namens Jahwe und Jehowah (Jehova) besprochen, und auch die Gründe für die Benutzung des Namens Jeschua. Hier führe ich ein paar Aspekte an, die den Zusammenhang zwischen den Namen JHWH und Jeschua (Jesus) verdeutlichen.

1. **Kraft**: Es lag große Kraft und Autorität in der Verkündung des Namens JHWH unter unseren Vorvätern in den Tagen der Thora und der Propheten.
2. **Nicht allgemein**: Diese Kraft wurde nicht mit den allgemeineren Namen, wie Herr, Gott, Adonai oder Hashem in Verbindung gebracht, sondern nur mit dem Namen JHWH.
3. **Unbekannt**: Heute ist uns nicht genau bekannt, wie der Name JHWH richtig ausgesprochen wird, weshalb es in der jüdischen Gemeinde verboten ist, ihn auszusprechen. Da der Name nicht verkündet wird, herrscht ein Mangel an Kraft und Autorität, die mit ihm einhergehen.
4. **Souveränität**: Dieses „Vergessen" der Aussprache des Namens JHWH in der jüdischen Gemeinde kann nicht nur ein einfacher Zufall gewesen sein. Es ist ein souveräner Eingriff Gottes, um neue Umstände herbeizuführen.
5. **JHWH in Jeschua**: Der Name Jeschua ist eine Kurzform von Jehoschua, welches eine Zusammenziehung von JHWH

Joschia ist: „Der Herr rettet." In anderen Worten, JHWH ist in Jeschua enthalten.

6. **Wer Jeschua sagt, sagt JHWH**: Wenn wir daher den Namen Jeschua sagen, so sagen wir bereits den Namen JHWH und sogar noch mehr. Wenn wir Jeschua sagen, so sprechen wir den wunderbaren Namen JHWHs ebenfalls aus.
7. **Kein anderer Name**: In dieser Zeit in der Geschichte, gibt es keinen anderen Weg, den Namen JHWH mit Kraft und Autorität auszusprechen, als den Namen Jeschua zu sagen. Dies erinnert uns an **Apostelgeschichte 4,12: „Und es ist in keinem anderen das Heil; denn es ist kein anderer Name unter dem Himmel den Menschen gegeben, in dem wir gerettet werden sollen!"**
8. **Kein Name, keine Kraft**: Wenn wir nicht Jeschua sagen, so können wir nicht die Kraft haben, die ursprünglich im Namen JHWH enthalten war.
9. **Gleiche Kraft**: Wenn wir jedoch den Namen Jeschua anrufen (und dies mit Glauben und Erkenntnis und gemäß dem Willen Gottes tun), setzen wir dieselbe Kraft und Autorität frei, welche unsere Vorväter besaßen, wenn sie den Namen JHWH anriefen.
10. **Durchgängigkeit**: Der Name Jeschua ist in unserer Zeit die Weiterführung dessen, was der Name JHWH in den Tagen unserer Vorväter war.
11. **Gleiche Haltung**: Daher sollten unsere Haltung, unser Denken und unser Respekt für den Namen Jeschua dieselben sein, wie sie unsere Vorväter für den Namen JHWH hatten.
12. **Messianisches Geschenk**: Wir messianischen Juden möchten Israel und dem internationalen Leib des Messias den Namen Jeschua wiedergeben – nicht nur die originale Aussprache des Namens, sondern auch die originale Kraft und Autorität. Der Name Jeschua enthält den Namen JHWHs und alle damit einhergehenden geistlichen Offenbarungen

und Manifestationen – und noch mehr. Im Namen Jeschua liegt Autorität auf allen drei Ebenen: „Himmel, Erde und unter der Erde“ (**Philipper 2,9**).

Anhang 5

Den Sabbat halten

Wenn wir in Israel das Evangelium predigen, so werden wir oft gefragt, ob wir „die Gebote halten". Wenn religiöse Juden die „Gebote" erwähnen, so vermischen sie biblische und rabbinische Gebote. Antworten wir mit „Nein", dann haben wir die Autorität, über die Schriften zu sprechen, verloren. Antworten wir mit „Ja", dann fragen sie uns gemäß welcher *Halacha* (rabbinische Gebote) wir sie halten.

Unsere Antwort auf diese Frage muss ein einstimmiges „Ja" sein, doch dann müssen wir sofort erklären, dass wir einer anderen Methode folgen. Der erste Unterschied ist, dass wir die Autorität der biblischen Gebote akzeptieren, aber nicht die der rabbinischen. Als ich dies einmal in einem Interview im israelischen Fernsehen erklärte, verstand mein Gegenüber prompt unsere Position. Dadurch wurden in der Diskussion viele tiefere Fragen angesprochen. (Er dachte, wir seien wie die Karaiten, eine alte Sekte des Judentums, welche die Schriften als autoritativ akzeptieren, aber nicht *Halacha*.)

Ursprünglicher Zusammenhang

Die biblischen Gebote, welche vor mehreren tausend Jahren gegeben wurden, können nicht in einem Vakuum erfüllt werden. Die Gebote waren nur eines von vier zusammengehörenden Teilen:

1. Der Engel-JHWH (der die Zehn Gebote auf dem Berg Sinai schrieb)
2. Die Gebote selbst (mit verschiedenen Ebenen der Bedeutung; Mt 23,23)
3. Die Blutopfer (welche Vergebung brachten, wenn ein Gebot überschritten wurde)
4. Der Heilige Geist (um Menschen zu leiten und ihnen Kraft zur Erfüllung der Gebote zu geben: 4 Mo 11,25-29; Röm 8,2-4)

Wir messianischen Juden sind zu der Erkenntnis gelangt, dass der Engel des Herrn oft Jeschua (Jesus) ist, dass die Gebote der Liebe und Moral wichtiger sind als die Gebote der rituellen Symbolik, dass die Kreuzigung Jeschuas die Bedeutung der Opfer voll erfüllt hat und dass der Heilige Geist gekommen ist, um in uns zu wohnen. Diese Perspektive gibt uns ein Gleichgewicht in der Anwendung der Gebote in unserem täglichen Glaubensleben.

Im Neuen Bund ist das Gesetz auf unser Herz geschrieben (Jer 31,31), weshalb wir von innen heraus motiviert sind, die Gebote zu halten. Die Betonung liegt dabei auf der eigentlichen Bedeutung der Gebote mit viel Flexibilität, was die praktische Auslegung ritueller Einzelheiten angeht.

Das rabbinische Judentum versucht, die Gebote zu halten, hat sie aber aus ihrem Kontext gelöst. Die Thora selbst bleibt gleich, jedoch ersetzen die halachischen Gebote die Führung des Heiligen Geistes, die Rabbiner ersetzen den Messias, und die Erlösung durch Blut fehlt ganz und gar.

Einer meiner Söhne sprach kürzlich mit einem religiösen Juden. Als dieser ihn fragte, ob wir die Gebote hielten, antwortete er: „Ja, aber wir wenden sie auf andere Art an.“ Danach kam er nach Hause und erzählte mir: „Papa, dies hat wirklich funktioniert. Wir hatten danach ein richtig gutes und tiefes Gespräch über die wahre Bedeutung des Glaubens und des Messias.“

Sabbatgesetze

Die Grundlage aller moralischen Gebote sind die Zehn Gebote. Die Zehn Gebote finden sich an drei Stellen in der Thora: 2. Mose 20, 3. Mose 19 und 5. Mose 5 – jedes Mal in leicht veränderter Form. Das Gebot, welches zu den meisten Auseinandersetzungen führt, ist das Sabbatgebot. Rabbinisches Judentum wird zuweilen sehr zwanghaft in allem, was den Sabbat betrifft. So sind sich zum Beispiel nicht alle einig, ob am Sabbat Toilettenpapier abgerissen werden darf, weshalb gewisse Gruppen am Sabbat „vor-gerissenenes" Toilettenpapier benutzen.

[Mein Freund Josef Schulam lehrte einmal über den Talmud und fand dabei eine Stelle, welche darauf hinwies, dass die Sünde des Goldenen Kalbs an einem Sabbat geschah. Eine ältere jüdische Frau, welche die Lektion hörte, rief aus: „Das ist unmöglich!" Josef fragte sie warum. Sie antwortete: „Sie waren doch Juden, oder nicht?" Als er mir diese Geschichte erzählte, mussten wir Tränen lachen. Ich vermute, einer muss Jude sein, um den „Witz" zu kapieren. Ihr Punkt war: Ehebruch, Götzendienst, das Okkulte und Rebellion – alles verständlich. Aber den Sabbat zu brechen – Bewahre Gott!]

Jeschuas Sabbatgesetze

Es gibt Tausende Seiten in der rabbinischen Literatur über die Sabbatgesetze. Jeschua fasste seine *Halacha* in drei einfachen Regeln zusammen:

1. **Der Sabbat wurde um des Menschen willen geschaffen** (vgl. Mk 2,27).

Jeschua kehrt zum ursprünglichen Sinn und Zweck des Sabbats zurück. Der Sabbat wurde geschaffen als eine wöchentliche Erholung vom Fluch der Sünde Adams. Er sollte ein Vorgeschmack auf das Tausendjährige Reich sein, eine Zeit der Ruhe von den Dingen dieser Welt und eine Zeit, um unsere Herzen auf Gott auszurichten.

2. Der Sohn des Menschen ist auch Herr über den Sabbat (vgl. Mk 2,28).

Jeschua bezeichnet Sich selbst als endgültige Autorität über die genaue Einhaltung des Sabbats. Er war es schließlich, der in Form des Engel-JHWHs das Sabbatgesetz schrieb. Die Rabbiner behaupten, es sei unmöglich, Gesetze ohne Überwachung einzuhalten. Jeder brauche einen Rabbiner, der ihm sagt, wie die Einzelheiten einzuhalten sind. Wenn du die Anweisungen eines Rabbiners hast, wirst du keinen Zweifel haben, ob du richtig gehandelt hast oder nicht. Jeschua ist unser Rabbiner, und wir erfüllen den Sabbat gemäß Seinen Worten.

3. Am Sabbat darf man Gutes tun (vgl. Mk 3,4).

Jeschua wiederholt, dass moralische Gesetze wichtiger sind als rituelle Gesetze. Er erinnert uns daran, dass eine korrekte Interpretation des Gesetzes eine einfache Moral, eine gewisse Logik, und eine gesunde Haltung gegenüber dem menschlichen Leben verlangt.

Ich lehne die Position ab, traditionelle Juden würden die Gebote halten, aber die messianischen Juden nicht. Wir (als messianische Juden) halten Gottes Gebote, aber wir versuchen sie im Licht des Neuen Bundes in ihre ursprüngliche Bedeutung zurückzuführen. Ein Großteil des Christentums hat die Gebote mit der Hilfe theologischer Ausreden verworfen. Ein Großteil des Judentums hat die Gebote Gottes durch rituelle Traditionen verfälscht und verdreht.

ANHANG 6

Die Stufen von Evangelium und Gesetz

Im Jahr 2009 finanzierte die messianisch-jüdische Allianz Israels ein nationales Treffen von Pastoren und Ältesten. Bei diesem Treffen wurde die Rolle der jüdischen Tradition in unserer Lehre und unseren Gemeinden diskutiert. Die Einen waren dafür, die anderen dagegen. Ich versuchte, ihnen einen ausgewogenen Standpunkt zu vermitteln, indem ich verschiedene Prioritäten aufzeigte, wie wir die Dinge verstehen.

Die Beziehung zwischen der Botschaft des Evangeliums und der jüdischen Tradition kann mit einfachen Worten beschrieben werden, indem wir uns eine Leiter mit vier Stufen oder vier Prioritäten vorstellen:

1. Errettung durch Gnade
2. Das moralische Gesetz
3. Das rituelle Gesetz
4. Die religiösen Traditionen

Errettung durch Gnade

Jeschua (Jesus) nahm am Kreuz unsere Bestrafung auf sich und erstand von den Toten auf, um uns ewiges Leben zu geben. Diese Botschaft ist wichtiger als alles andere. Wir sind

Wesen, die von einem liebenden und heiligen Gott geschaffen wurden. Wir haben gesündigt. Alle Gerechtigkeit kommt von ihm. Ohne den Glauben an seine Gerechtigkeit kann kein Mensch hoffen, jemals selbst gerecht zu werden. Dies ist das zentrale Thema des Römerbriefes.

Das moralische Gesetz

Aus diesem Grund ist die Errettung durch Gnade wichtiger als das moralische Gesetz. Und doch sind moralische Wertmaßstäbe grundlegend wichtig. Aber wer bestimmt, welches diese Werte sind? Nur eine Person, die selbst absolut gerecht ist. Deshalb müssen alle moralischen Richtlinien von Gott allein stammen. Gottes moralische Maßstäbe sind absolut und gelten für die ganze Menschheit. Sie stehen in der Bibel. Die prägnanteste Auflistung seines moralischen Gesetzes sind die Zehn Gebote (vgl. **Mt 19,17**).

Innerhalb des Gesetzes gibt es Gebote mit größerer Bedeutung und solche mit geringerem. Jeschua ermutigte uns, das „**Wichtigste im Gesetz**" nicht beiseite zu lassen, „**nämlich das Recht, die Barmherzigkeit und den Glauben!**" (**Mt 23,23**) Um Gottes Geboten zu gehorchen, müssen wir verstehen, welche Aspekte davon wichtiger sind und welche weniger wichtig.

Die rituellen Gesetze

Die grundsätzliche Trennung zwischen Wichtigem und weniger Wichtigem liegt zwischen dem moralischen Gesetz (Liebe) und dem rituellen Gesetz (Symbole). *„Du sollst den Herrn, deinen Gott, lieben mit deinem ganzen Herzen und mit deiner ganzen Seele und mit deinem ganzen Denken und mit deiner ganzen Kraft … Du sollst deinen Nächsten lieben wie dich selbst! Größer als diese ist kein anderes Gebot* (Mk 12,23).

Die rituellen Gesetze, auch „Zeichen" des Bundes genannt, sind nicht so bindend wie die moralischen Gesetze. **„Beschnitten sein ist nichts, und unbeschnitten sein ist nichts, sondern:**

Gottes Gebote halten." (1 Kor 7,19) Ist die Beschneidung also kein Gebot? – Doch, in dem Sinne, dass sie als rituelles Gesetz in der Bibel festgehalten ist. – Nein, in dem Sinne, dass sie nicht ein Teil des absoluten, moralischen Gesetzes ist.

Beschneidung, Feste und Speisegesetze stehen nicht auf der gleichen Stufe wie die Gebote gegen Lügen, Diebstahl, Ehebruch und Mord. Es ist eine fatale Fehlinterpretation des Gesetzes, wenn man den Vorrang des moralischen Gesetzes vor dem rituellen Gesetz nicht beachtet. Dies kann zu religiöser Scheinheiligkeit führen. Jeschua wies die Pharisäer dafür zurecht, dass sie das Gesetz falsch auslegten und daher missachteten. **„Ihr verblendeten Führer, die ihr Mücken aussiebt, aber Kamele verschluckt!" (Mt 23,24)** (Leider hat ein Großteil der christlichen Welt das Gesetz insgesamt abgelehnt, was oft zu Sünde und moralischen Verstößen führt, selbst unter jenen, die das Evangelium predigen).

Die religiösen Traditionen

Die rituellen Aspekte des jüdischen Gesetzes kann man wiederum in zwei Gruppen unterteilen: Jene, die biblisch sind, und jene, die durch die Rabbiner hinzugefügt wurden. Die Symbole der Bibel wurden von Gott bewusst angeordnet, um eine geistliche Botschaft zu vermitteln, die den Plan für sein Königreich betrifft. Jene, die von den Rabbinern hinzugefügt wurden, sind kulturbedingt und haben keine direkte Autorität.

Wenn man die Traditionen auf dieselbe Ebene stellt wie das göttliche Gesetz, ist dies äußerst gefährlich. Jeschua bezeichnete dies als **„Menschengebote"** (zitiert aus **Jes 29,13**) und fragte: **„Warum übertretet ihr denn Gottes Gebot um eurer Satzungen willen?" (Mt 15,3)** Die religiösen Traditionen mit dem Gesetz Gottes gleichzustellen ist ein Übel, das sich in jeder Religion findet, sei sie jüdisch, christlich oder heidnisch.

Religiöse Tradition ist niemals verpflichtend. Dennoch sollten wir der Kultur des Volkes bzw. der ethnischen Gruppe gegenüber, in der wir uns befinden, in Liebe aufgeschlossen sein, wenn wir die Gute Nachricht der Errettung verkünden. Dies gilt ganz besonders, wenn es um das jüdische Volk geht, welches eine religiöse Kultur entwickelt hat, die auf das Alte Testament (den *Tanach*) zurückgeht. **„Den Juden bin ich wie ein Jude geworden, damit ich die Juden gewinne** (für die Rettung). **Denen, die unter dem Gesetz sind, bin ich wie einer unter dem Gesetz geworden" (1 Kor 9,20).** Zusammengefasst:

1. Die Botschaft der Rettung durch Jeschua ist unsere oberste Priorität.
2. Gute Werke aus menschlicher Anstrengung können uns nicht retten.
3. Gottes absolutes moralisches Gesetz ist für die ganze Menschheit bindend.
4. Das moralische Gesetz steht höher als das rituelle Gesetz.
5. Biblische Symbole oder Rituale weisen auf geistliche Wahrheiten des Königreiches Gottes hin.
6. Religiöse Traditionen sind niemals bindend oder maßgebend.
7. Religiöse Traditionen auf die Stufe des moralischen Gesetzes zu stellen, ist ein gefährlicher Irrtum.
8. Die Kultur eines anderen in Liebe anzunehmen, kann eine wichtige Brücke bilden, wenn man ihm die Wahrheit über das ewige Leben verkünden möchte.

Goldene Äpfel

Denke an dieses biblische Sprichwort: **„Ein Wort, geredet zu rechter Zeit, ist wie goldene Äpfel auf silbernen Schalen." (Spr 25,11)** Was wir zu sagen haben, gleicht einem goldenen Apfel. Wie wir es sagen, gleicht einer silbernen Schale. In der messianischen Bewegung haben wir unser Augenmerk so oft auf die jüdische Form dessen gelegt, was wir zu sagen haben, dass wir darüber die zentrale Botschaft selbst vergessen haben. Unsere jüdische Kultur und Identität sind nicht die Botschaft.

Manchmal haben wir die silberne Schale ohne den goldenen Apfel angeboten.

Andrerseits ist auch der kulturelle Rahmen wichtig. Wenn ein Engländer einem Deutschen ein Geschenk geben möchte, so könnte er auf die Schachtel schreiben „Gift“ (Englisch für „Geschenk“). Der Deutsche aber würde sicher denken, es handle sich um „Gift”. Viele Christen haben wohlmeinend versucht, unserem Volk das „Geschenk” des ewigen Lebens zu bringen, doch unser Volk hat nur das Gift gesehen.

Wir möchten die richtige Botschaft in der richtigen Ausdrucksweise bringen, den richtigen Inhalt im richtigen Zusammenhang: das Evangelium von Jeschua im historisch-jüdischen Kontext.

ANHANG 7

Die Wiederherstellung aller Dinge

Wir glauben an das biblische Prinzip der Wiederherstellung. Gott hat alles in unserer Welt „sehr gut“ geschaffen (**1 Mo 1,31**). Doch Adams Sünde und Satans Rebellion haben große Zerstörung angerichtet. Gottes Erlösungsplan rettet uns nicht nur vor der Verdammnis, sondern stellt auch wieder her, was zerstört worden ist.

Diese Wiederherstellung ist als erstes eine persönliche. Unser Geist, unsere Seele und unser Körper werden erlöst. Gottes Wiederherstellung ist jedoch auch eine allgemeine und betrifft somit alles in der Welt. In der christlichen Welt ist die persönliche Wiederherstellung besser bekannt, in jüdischen Kreisen hingegen ist die universale Wiederherstellung besser bekannt. Der Neue Bund beinhaltet beide.

Das traditionell jüdische Gebet *Aleinu (Es obliegt uns)*, welches dreimal pro Tag den Abschluss der Gebetsversammlung bildet, beinhaltet die Bitte – לתקן עולם במלכות שדי – „die Welt im Königreich El Schaddais wiederherstellen“. Das Wort für „wiederherstellen“ heißt hier תיקון – *Tikkun.*[1]

Die Wiederherstellung der Welt *(Tikkun)* ist nicht nur für unseren Dienst zentral, sondern auch dafür, wie man im Königreich

[1] Dies ist der Name, den wir mit Dan Juster, Don Finto, David Rudolph, Eitan Shishkoff und Paul Wilbur für unseren gemeinsamen Dienst gewählt haben.

Gottes die Welt sieht. Fünf Mal spricht der Neue Bund zum Thema der Wiederherstellung der Welt.

1. **Matthäus 17**: Die christliche Gemeinde
2. **Römer 11**: Der messianische Überrest
3. **Matthäus 19**: Die Schöpfung
4. **Apostelgeschichte 1**: Das Königreich Israels
5. **Apostelgeschichte 3:** Alle Dinge

> *Elia kommt freilich zuvor und wird alles wiederherstellen* (Mt 17,11).

Jeschua sagt voraus, dass „zuvor" jemand im Geist und in der Kraft Elias kommen wird, also bevor Jeschua wiederkommt. Eine Wiederherstellung, die jener „in den Tagen Elias" gleicht, wird vor der Wiederkunft Jeschuas stattfinden. Das Wort „alles" kann hier nicht alle Dinge der Welt bedeuten, denn dies wird erst nach der Wiederkunft Jeschuas geschehen. Die Wiederherstellung steht parallel zur Prophetie über die „Braut, die sich bereitmacht" (Offb 19,7). Die Elemente des Königreichs Gottes werden in der Gemeinde des Glaubens wiederhergestellt, bevor Jeschua wiederkommt. Wenn er wiederkommt, wird das, was im Volk Gottes vorhanden ist, offenbar gemacht und den Nationen gegeben. Ein zentrales Anliegen des prophetischen Dienstes in unserer Generation ist die Wiederherstellung der wahren Gemeinde, während wir uns der Wiederkunft Jeschuas nähern.

> *... was wird ihre Annahme anderes zur Folge haben als Leben aus den Toten?* (Röm 11,15).

Es wird auch eine Wiederherstellung des messianischen Überrestes in Israel stattfinden. Diese doppelte Wiederherstellung ist in Offenbarung 7,4 und 7,9 sichtbar. Die Aspekte, welche wiederhergestellt werden, sind diejenigen, die wir in der frühen Glaubensgemeinde im Buch der Apostelgeschichte finden. Wir sehen dort aufopfernde Liebe, großzügiges Geben, mutiges Verkünden, Zeichen und Wunder und die Einheit der Heiligen.

Der Überrest Israels wird in der Endzeit noch stärker sein, als es die apostolische Gemeinschaft des ersten Jahrhunderts war (**Röm 11,12**). Die Erweckung der Endzeit wird mächtiger sein als die Erweckung, welche damals geschah (**Apg 2,17**). Der messianische Überrest wird eine wesentliche Rolle dabei spielen, dass es zur Auferstehung der Toten kommen wird.

> *Ihr, die ihr mir nachgefolgt seid, werdet in der Wiedergeburt, wenn der Sohn des Menschen auf dem Thron seiner Herrlichkeit sitzen wird, auch auf zwölf Thronen sitzen und die zwölf Stämme Israels richten* (Mt 19,28).

Wenn sowohl die internationale Gemeinde als auch der Überrest Israels in ihre Fülle kommen (**Röm 11,15.25**), werden sie gemeinsam nach der Rückkehr Jeschuas rufen (**Mt 23,39; Offb 22,20**). Zu jener Zeit wird das Tausendjährige Reich Gottes auf Erden errichtet werden. Dieses Reich wird zwei Hauptelemente beinhalten.

Das erste ist die „Regeneration". Die hebräische Übersetzung spricht hier von einer „Erneuerung der Schöpfung", das griechische Original ist *paliggenesia – pali* bedeutet „wieder" und *genesia* bedeutet „Genesis", so wie die Schöpfung im 1. Buch Mose (Genesis). Die natürliche Schöpfung wird erlöst werden (**Röm 8,19-22**). Himmel und Erde werden erneuert, wie es damals unmittelbar nach der Flut in den Tagen Noahs geschah (**2 Petr 3,3-5**). Menschen werden wieder länger leben (**Jes 65,17 und 20**).

Das zweite Element ist ein weltweites Königreich mit seiner Hauptstadt Jerusalem.

> *Herr, stellst du in dieser Zeit für Israel die Königsherrschaft wieder her?* (Apg 1,6).

Die Apostel erwarteten, dass Jeschua das davidische Königreich sofort nach Seiner Auferstehung von den Toten wiederherstellen würde. Er aber sagte ihnen, sie müssten zuerst den Heiligen Geist empfangen und das Evangelium allen Nationen predigen. Sein Königreich sollte international, nicht nur israelisch sein; geistlich, nicht nur staatlich. Sein Königreich ist eine

Erneuerung und Erweiterung des davidischen Königreichs (**Jes 2,2-4**). Die frühere Herrschaft wird wiederhergestellt (**Micha 4,8**).

Jeschua wird auf Seinem Thron in Jerusalem sitzen, die Apostel auf zwölf Thronen, um die Stämme Israels zu regieren. Wer ihm „nachgefolgt“ ist, wird auf Thronen sitzen, um den Rest der Nationen zu regieren, wenn Jeschua in Herrlichkeit wiederkommt (**Mt 16,27; 19,28; 24,30; 24,46-47; 25,21; 25,31; 26,64**).

> *... den der Himmel aufnehmen muss bis zu den Zeiten der Wiederherstellung alles dessen, wovon Gott durch den Mund aller seiner heiligen Propheten von alters her geredet hat* (Apg 3,21).

Schlussendlich wird Gott alle Dinge wiederherstellen. Es gibt nichts, was nicht wiederhergestellt werden wird. Dies beinhaltet alles, was bei der Schöpfung geplant wurde, alles, was Israel prophezeit wurde, und alles, was der Gemeinde prophezeit wurde. Dies beinhaltet alles im Himmel und auf Erden (**Eph 1,10**). Gottes Zusage, alles wiederherzustellen, ist eine Quelle großer Hoffnung und Ermutigung für uns alle.

ANHANG 8

Himmel und Erde

Das Königreich Gottes hat himmlische und irdische Aspekte. Um das Königreich zu verstehen, müssen wir Gottes Absichten für den Himmel *und* die Erde verstehen. Hier ist eine kurze Betrachtung von sieben Versen, welche die Worte „Himmel und Erde“ enthalten. (Merkt sie euch für späteres Nachschlagen).

Im Anfang schuf Gott Himmel und Erde (1 Mo 1,1).

Bevor Gott seine Schöpfung begann, hatte er bereits das Königreich, die Kreuzigung, die Auferstehung, Himmel, Hölle usw. **geplant**. Was er am Ende haben wollte, war schon von Anfang an in Seinen Gedanken vorhanden. Er schuf den Himmel und die Erde, weil er mit beiden etwas vorhatte.

Alles, was er im Himmel und auf der Erde schuf, war gut. Ja, sogar sehr gut. Das Problem begann mit der Rebellion Satans und der Sünde des Menschen. Schlussendlich wird alles Sündige und Satanische entfernt werden und die Himmel und die Erde werden zu ihrer endgültigen Bestimmung wiederhergestellt (**Röm 8,19-22**).

Der Himmel ist der Himmel des Herrn; aber die Erde hat er den Menschenkindern gegeben (Ps 115,16).

Dieser Vers spricht von der **Delegation der Autorität**. Der Herr hat der Menschheit den Planeten Erde zur Dauermiete gegeben. Rabbiner nennen dieses Konzept „das zweistöckige Wohnhaus“.

Gott (und die Engel) leben in der oberen Etage, die Menschheit in der unteren. Gott kam oft zu Besuch, er stieg einfach eine Leiter oder eine Treppe herunter (**1 Mo 3,8; 18,1; 28,12; 2 Mo 3,8**). Die Schlüssel zur unteren Wohnung aber waren in den Händen der Menschen.

Die Erde gehört nicht den Menschen, sie gehört Gott. Er hat uns aber die Schlüssel für eine Miete von ungefähr 6000 Jahren gegeben. Beispielsweise lebe auch ich in einer Mietwohnung. Der Besitzer der Wohnung muss mich anrufen und um Erlaubnis bitten, wenn er die Wohnung betreten will. Die Schlüssel sind in meiner Hand.

> *Denn siehe, ich schaffe einen neuen Himmel und eine neue Erde, sodass man an die früheren nicht mehr gedenkt und sie nicht mehr in den Sinn kommen werden* (Jes 65,17).

Gott verspricht, einen neuen Himmel und eine neue Erde zu schaffen. Dies bedeutet nicht, dass das gegenwärtige Universum nicht mehr existieren wird, sondern dass Gott es **wiederherstellen**, **erneuern** und **erlösen** wird. Im Kontext von Jesaja 65 sehen wir, dass die Erde gereinigt werden wird. Allerdings werden die natürlichen Abläufe bestehen bleiben, aber viel besser funktionieren.

Den Unterschied kann man mit der Zeit vor und nach der Flut Noahs vergleichen, aber er wird noch größer sein (**2 Petr 3,5-12**). Das Buch der Offenbarung erwähnt den neuen Himmel und die neue Erde in den Kapiteln 21 und 22. Hier finden wir weitere Details zu dem Vers aus Jesaja 65. Wie Johannes es gewöhnlich tut, gibt er auch hier geistliche Einblicke in das, was die anderen hebräischen Propheten geschrieben haben. Er eröffnet uns eine zusätzliche Dimension zum bereits Gesagten, ohne es zu ersetzen.

Jesaja gab uns die irdische Perspektive, Johannes die himmlische. Wir müssen beide Seiten sehen.

> *Glückselig sind die geistlich Armen, denn ihrer ist das Reich der Himmel! Glückselig sind die Sanftmütigen, denn sie werden das Land erben!* (Mt 5,3.5).

In unserer heutigen Welt geschieht viel Ungerechtigkeit. Da Gott sowohl **mächtig** ist, als auch **moralische Instanz,** wird er die Ungerechtigkeit beseitigen. Die im Herzen Reinen werden alles übernehmen. Religionen, welche den Gott der Bibel nicht verstehen, glauben, dass reinherzige Menschen diese Erde einfach in die Ewigkeit verlassen werden. Sie verstehen nicht, wie Gott Gerechtigkeit schaffen, die Bösen entfernen, die Gerechten belohnen und die Erde wiederherstellen könnte. Daher verlassen sie einfach Gottes gute Schöpfung, um an einen mystischen, unsichtbaren, unbestimmten Ort zu gehen.

Die Hindus und die New-Age Bewegung nennen diesen Ort „das Nirvana". Da sich die christliche Weltsicht von der hebräischen trennte, liegt die christliche Vorstellung über die Endzeit und das Königreich Gottes leider oft näher bei dieser heidnischen Mystik als bei der biblischen Darstellung. Mystik ist die Flucht in eine rein geistige Welt. Die Bibel hat aber sowohl die geistliche als auch die materielle Welt im Blick, die von einem guten Schöpfer wiederhergestellt werden.

> *Dein Reich komme. Dein Wille geschehe, wie im Himmel, so auch auf Erden* (Mt 6,10).

Das Königreich Gottes hat einen Ursprung, eine Zielrichtung und ein Ziel. Das Reich beginnt im Himmel. Es kommt zu uns herab. Es wird schließlich die Erde einnehmen. Das Königreich Gottes kommt in Phasen. Es wächst von klein zu groß, von innen nach außen (**Mt 13,31-33**). Das Königreich Gottes ist eine Invasion, nicht eine Evakuation. (Sie ist eine gnädige Invasion, aber trotzdem eine Invasion).

Jeschua ist vorübergehend fortgegangen, um die Autorität Seines Königreichs aufzurichten, doch wird er wiederkommen, um zu herrschen und zu regieren (Lk 19,12). Die meisten Christen sehen ihre Rettung wie eine Feuerversicherung oder eine Fahrkarte in den Himmel. Ich sehe das Königreich eher wie eine Eigentumsurkunde und wie eine Regierungsverfassung. Obwohl das Vater Unser (Dein Reich komme und dein Wille geschehe) das wohl meistgesprochene Gebet der Welt ist, habe ich nicht den Eindruck, dass die meisten auch meinen, was sie beten.

Es verdient vermerkt zu werden, dass das jüdische Gebetsbuch **jede** Gebetsversammlung mit dem Gebet *Aleinu* beendet. Es beinhaltet die Worte „... um die Welt im Königreich El Schaddais wiederherzustellen".

> *Mir ist gegeben alle Macht im Himmel und auf Erden* (Mt 28,18).

Jeschua ist sowohl Gott als auch Mensch. Daher hat er alle Autorität sowohl im Himmel als auch auf Erden. Seine Autorität im Himmel beruht auf seiner Göttlichkeit, seine Autorität auf Erden auf seinem Menschsein. Das Evangelium ist wirksam wegen Seiner **doppelten Natur** und **doppelten Autorität**. Er kam vom Himmel und wurde auf dieser Erde in einem menschlichen Körper geboren. Er wurde leibhaft von den Toten auferweckt. Er stieg in den Himmel auf. Er wird so zurückkehren, wie er aufgefahren ist (**Apg 1,11**), und Seine Füße werden wieder auf dem Ölberg stehen (**Sach. 14,4**).

Wer Jeschuas tatsächliche Rückkehr auf Erden und ein irdisches Tausendjähriges Reich in Frage stellt, verhöhnt die Schmerzen, die Er am Kreuz erlitt, und verleugnet den Grund für eine leibliche Auferstehung. Ich bin sprachlos, wie schwer es für viele Christen ist, zu verstehen, dass sich alle biblischen Prophezeiungen über das Tausendjährige Reich des Messias doch offensichtlich und wörtlich erfüllen werden. Es ist gefährlich, wenn wir Hunderte von Prophetien ablehnen, nur weil sie nicht in unsere Theologie passen.

> *... dass es ausgeführt würde, da die Zeit erfüllet war, auf dass alle Dinge zusammengefasst würden im Messias, beide, das im Himmel und das auf Erden ist, durch ihn (Jeschua)* (Eph 1,10).

Vergleiche diesen Vers mit **Kolosser 1,16**, wo es heißt, dass *alles* im Himmel *und* auf Erden für und durch Jeschua geschaffen wurde.

Heute haben wir leider immer noch eine Trennung zwischen den Dingen im Himmel und auf Erden. Dies ist aber nicht Gottes Wille. Letztlich werden alle Dinge im Himmel und auf Erden in Jeschua, dem Messias, zusammengebracht werden. Das war Seine Mission – **den Himmel und die Erde zu vereinen**. Eine andere rabbinische Tradition besagt, dass das Gebet eines Menschen auf Erden mit der richtigen geistlichen Absicht den göttlichen Namen JeHoVaH vereint – wobei JH für den Himmel und VH für die Erde steht.

Durch Jeschua (und wirklich geisterfüllte Gläubige mit ihm) wird die ganze Welt wieder eins gemacht, alles, was im Himmel und was auf Erden ist. Und auch Gottes Name wird wieder eins gemacht (**Sach 14,9**). Gib dich nicht mit der Hälfte des Königreichs zufrieden. Israel tendiert dazu, nur die irdische ohne die himmlische Hälfte zu sehen, während die christliche Gemeinde oft nur die himmlische ohne die irdische Hälfte sieht. Jeschua aber ist der König Israels und das Haupt der Gemeinde.

Gott sei Dank, dass wir „das Beste von beiden Welten" erhalten – sowohl von dem, was im Himmel, als auch von dem, was auf Erden ist.

ANHANG 9

Vor der Grundlegung

Hier folgt eine Liste von Versen im Neuen Bund, die davon sprechen, dass Gott einen Plan hat, der schon „vor der Grundlegung der Welt“ fertig war.

Mt 20,23	Unser Platz, im Königreich zu sitzen
Mt 24,36	Zeitpunkt der Wiederkunft
Mt 25,34	Paradies für die Gerechten
Mt 25,41	Strafe im Feuer für die Bösen
Joh 1,2	Jeschua war das Wort Gottes schon vor der Schöpfung
Joh 1,15	Jeschua existierte schon vor seiner Geburt als Mensch
Joh 8,58	Jeschua war vor Abraham
Joh 17,5	Jeschua und der Vater vereint in Herrlichkeit
Joh 17,24	Jeschua und der Vater vereint in Liebe
Apg 1,7	Zeitpunkt der Wiederkunft
Apg 2,23	Jeschuas Tod und Auferstehung
Apg 3,20	Jeschua war zuvor zum Christus bestimmt
Apg 4,28	Gottes Absicht von vornherein entschieden

Apg 17,26	Die Grenzen der Nationen sind gesetzt
Apg 17,30	Der Zeitpunkt des Gerichts ist bestimmt
Röm 1,2	Das Evangelium ist versprochen
Röm 8,29	Vorgesehen und bestimmt, wie Jeschua zu sein
Röm 9,23	Gefäße der Gnade zubereitet
Röm 11,2	Das Volk Israel war vorbestimmt
Röm 16,25	Die geheime Offenbarung verborgen
1 Kor 2,7	Das Geheimnis unserer Verherrlichung
Eph 1,4	Erwählt in Ihm, um ohne Schuld zu sein
Eph 1,5	Vorbestimmt zur Adoption als Söhne
Eph 1,9	Die Absicht alles in Jeschua zu vereinen
Eph 1,11	Vorbestimmtes Erbe für die Erwählten
Eph 2,10	Gute Werke, die wir tun sollen
Kol 1,26	Das Geheimnis, verborgen von Alters her
2 Tim 1,9	Der Rettungsplan der Gnade in Jeschua
Titus 1,2	Das Versprechen ewigen Lebens
Hebr 4,3	Gottes Werke sind abgeschlossen und göttliche Ruhe
Hebr 12,1	Unser Lauf liegt vor uns
Hebr 12,2	Jeschuas Freude im Hinblick auf das Kreuz
1 Petr 1,2	Erwählt und vorherbestimmt zur Heiligung
1 Petr 1,20	Blut Jeschuas
2 Petr 2,3	Gericht über falsche Propheten und Lehrer
Judas 4	Gericht über falsche Gläubige
Offb 9,15	Vier Engel der Zerstörung eines Drittels der Welt
Offb 13,8	Namen geschrieben im Buch des Lebens (und Jeschuas Opfer)
Offb 17,8	Namen nicht im Buch des Lebens

Weil Gott schon vor der Grundlegung der Welt für die Menschheit einen Plan hatte, wissen wir, dass alles, was um uns geschieht, nicht Zufall, sondern geplant ist. Gott gab uns einen freien Willen und bereitete für uns eine Reihe geistlicher und moralischer Prüfungen (**5 Mo 30,15 und 19**). Er plante das Ergebnis dieser Tests entsprechend unserer Reaktionen.

Was Gott zu Beginn der Schöpfung schuf, hatte schon einen Bezug zu dem, was am Ende der Offenbarung geschieht. Das Ende war von Anfang an geplant. Wir können dies mit einem Bauunternehmer vergleichen, der nie den Bau eines Gebäudes beginnen würde, bevor der Architekt nicht den ganzen Plan ausgearbeitet hat. Gottes Absichten für die Schöpfung waren bereits geplant, bevor Er das eigentliche Schöpfungswerk in Angriff nahm. Das Endprodukt ist bestimmt durch den ursprünglichen Plan.

Ein rabbinisches Sprichwort (welches den Sabbat betrifft) geht folgendermaßen: „Was zuletzt getan wird, war zuerst in den Gedanken." Ein anderes Sprichwort (den freien Willen und die Vorbestimmung betreffend) sagt: „Alles ist vorher bekannt, aber wir haben die freie Wahl." Gott hat seit Anbeginn der Zeit einen Plan. Was am Anfang der Bibel geschieht ist das Fundament für das, was am Ende der Bibel geschieht.

Anhang 10

Menschliche und verherrlichte Erscheinungen

Jeschua wird in der ganzen Bibel sowohl als Gott als auch als Mensch (und als Vermittler zwischen Gott und Mensch; vgl. **1 Tim 2,5**) offenbart – angefangen vom 1. Buch Mose bis zur Offenbarung. Manchmal erscheint Jeschua in einer verherrlichten Form, was seine Göttlichkeit unterstreicht. Andere Male erscheint er in seiner irdischen Form, was Seine Menschlichkeit unterstreicht. (Jeschua ist das fleischgewordene Gotteswort; vgl. **Joh 1,14**. Wir könnten dies also seinen irdischen Körper nennen – den Körper aus Fleisch und Blut.)

In den Schriften des Neuen Bundes erscheint Jeschua in den Evangelien im Allgemeinen in seiner irdischen und im Buch der Offenbarung in seiner himmlischen Gestalt. In den Evangelien sehen wir ihn nur auf dem Berg der Verklärung in Seiner verherrlichten Form (Lk 9; Mt 17). Dort wurde er aus den folgenden drei Gründen verherrlicht. Um uns zu zeigen,

1. dass er eine verherrlichte, göttliche Gestalt hat,
2. dass wir und er in der zukünftigen Welt so aussehen werden,
3. dass wir zwischen diesen zwei Erscheinungsformen hin- und herwechseln können, wann immer wir dies wünschen.

Jeschua erscheint aber auch in der hebräischen Bibel (Altes Testament) in beiden Formen. Eine der wichtigsten Erscheinungen Seines irdischen Körpers finden wir in **1. Mose 18**:

Gemeinsam mit den zwei Engeln, die später Sodom zerstörten (**18,2** und **19,1**), aß Er mit Abraham zu Mittag und führte mit ihm ein längeres Gespräch über Sarah's noch ungeborenen Sohn und das bevorstehende Gericht über Sodom. Auch bei Pniel erschien er in irdischer Form. Dort kämpfte er die ganze Nacht mit Jakob, der kurz davorstand, die Grenze ins verheißene Land wieder zu überqueren (**1 Mo 32,2**). Eine weitere Erscheinung (als Führer der himmlischen Armeen mit seinem gezogenen Schwert) hatte Josua in der Nacht vor der Schlacht um Jericho (**Jos 5,13**).

Beispiele aus den hebräischen Schriften für Jeschuas Erscheinen in göttlicher Form sehen wir beim brennenden Busch (**2 Mo 3**), der Durchquerung des Roten Meers (**2 Mo 14**), auf dem Berg Sinai (**2 Mo 24**), auf dem Thron des erhobenen Königs (**Jes 6**) und auf dem Thron über der Herrlichkeitswolke und den Cherubim (**Hes 1,26**). Ferner auch, als er vor den ‚Alten an Tagen' gebracht wird (**Dan 7**) und als der Mann im Feuer im Buch Daniel (**Dan 10,5-6**).

Diese Beispiele aus dem Alten Bund zeigen, dass Jeschua im Land Israel Menschen in einem irdischen Körper erscheint und außerhalb des Landes in einer verherrlichten Form. Dasselbe gilt für den Neuen Bund: Seine irdischen Erscheinungen den Jüngern gegenüber geschahen in Israel, während er in verherrlichter Form Johannes erschien, als dieser sich im Exil auf Patmos befand (**Offb 1,9**).

Obwohl dies eine zu große Vereinfachung ist, so können wir in den Schriften doch die Regel erkennen, dass der Sohn Gottes innerhalb Israels in menschlicher Form und außerhalb Israels in verherrlichter Form erschien. [Im Hebräischen ist das Wort für Exil ***GALUT*** und das Wort für Offenbarung ***HIT-GALUT***. Beide Begriffe zeigen ähnliche Wortstämme: ***G-L-H*** und ***G-L-L***].

Diese Regel – sowohl im Neuen wie auch im Alten Bund – dass die göttlichen Erscheinungen des Messias unter den heidnischen Völkern geschehen, während seine menschlichen Erscheinungen innerhalb des Landes vorkommen, hängt mit der Bestimmung Gottes für die Gemeinde und für Israel zusammen.

Die Gemeinde hat Jeschuas Göttlichkeit geglaubt, aber häufig die Bedeutung für Seine Menschlichkeit übersehen. Israel hingegen hat die Menschlichkeit des Messias geglaubt, konnte aber oft Seine Göttlichkeit nicht sehen.

Die Gemeinde hat die göttliche Natur betont, Israel hat die davidische. In dieser Generation kommen Israeli zum Glauben an Jeschua und die Gemeinde kehrt zu ihren jüdischen Wurzeln zurück. So wird nun die zweifache Natur des Sohnes Gottes in ihrer Fülle offenbart. (Die Braut – aus Israel und der Gemeinde – beginnt ihren Tanz [**Hohelied 7,1**]; der Bräutigam kehrt bald für die Hochzeit zurück [**Offb 19,7**]. Wenn Jakob und Esau – Juden und Araber – versöhnt werden als das „Doppellager" [**1 Mo 32,3**], wird das Gesicht Gottes, *Pniel*, offenbar.)

Versöhnung und Offenbarung gehören zusammen. Im Rahmen der Versöhnung von Israel und der Gemeinde kommt die vollständige Offenbarung des Messias Jesus.

Anhang 11

Göttlich und davidisch

Durch die hebräischen Schriften hindurch sehen wir eine Entwicklung, was die Erkenntnis über Gottes Königreich und Gottes Wesen angeht. Als das Volk Gottes zahlenmäßig wuchs, wuchs auch ihre Erkenntnis über ihre Beziehung zu Gott. Hier sind einige wichtige Stufen in dieser geschichtlichen Entwicklung ihrer Erkenntnis:

Noah	Familie
Abraham	Stamm
Moses	Erwähltes Volk
David	Israelitisches Königreich
Jesaja	Messianisches Königreich (prophezeit)

Diese Entwicklung des Volkes Gottes setzte sich auch im Neuen Bund fort. Dort sehen wir drei weitere Stufen:

Petrus	Messianisches Königreich (offenbart)
Paulus	Internationale Gemeinde
Johannes	Der Neue Himmel und die Neue Erde

Im Neuen Bund sehen wir eine parallele Entwicklung in der Erkenntnis, wer Jeschua ist. Es beginnt im Matthäusevangelium mit der Offenbarung der Abstammung von David und schreitet fort zum Göttlichen im Buch der Offenbarung. Diese drei parallelen Stufen könnten wir folgendermaßen zusammenfassen:

1. Synoptische Evangelien: Jeschua als König Israels
2. Paulinische Briefe: Jeschua als Haupt der Gemeinde
3. Johanneische Schreiben: Jeschua als der Engel-JHWH

Der Neue Bund beginnt in Matthäus mit dem Stammbaum Jeschuas. Dieses Kapitel bildet eine Brücke, welche die biblische Geschichte von Israels Königreich mit den Ereignissen der Evangelien verbindet. Das Augenmerk liegt darauf, dass Jeschua der Sohn Davids ist.[1]

Gott legte die Regierungsgewalt über den Planeten Erde in Davids Hände (**2 Sam 7**). Wenn wir die davidische Natur Jeschuas nicht verstehen, verfehlen wir unsere Berufung, dass wir über diese Erde herrschen sollen, sowie die Transformation der Königreiche dieser Welt (**Offb 11,15**), die Wiederherstellung des Königreichs Israel (**Apg 1,6**) und das tatsächliche Bevorstehen eines Tausendjährigen Reiches. Aus diesem Grund ist die Verbindung zu David so wichtig.

Wenn wir die göttliche Natur Jeschuas nicht wahrnehmen, verfehlen wir unsere eigene Bestimmung, Menschen zu sein, die in Gottes Ebenbild und ihm ähnlich geschaffen wurden (**1 Mo 1,26**). In ihm wohnt die Fülle Gottes leibhaftig (**Kol 2,9**). Als Volk Gottes sind wir dazu bestimmt, die Fülle Gottes auch in uns wohnen zu lassen (**Eph 3,19**). Der Verlauf der Schriften des Neuen Bundes zeigt Jeschua in mehreren Stufen, von davidisch bis göttlich.

[1] Mein Freund, Dr. Michael Brown, hat den Grund dafür aufgezeigt, dass diese Genealogie in Abschnitte von 14 Generationen aufgeteilt ist (Verse 17-18). Im Hebräischen gibt es keine Vokale, daher wird David nur als „DVD“ geschrieben. Jeder dieser Buchstaben hat einen Zahlenwert: D ist 4, V ist 6. Davids Name ist also 4-6-4. Die Summe davon ist 14. Die Zahl 14 weist darauf hin, dass Jeschua Davids Sohn ist.

ANHANG 12

Akademische Wertung – Messianische Theologie und ein verlorenes Judentum

Von Daniel C. Juster, Th.D.

Ashers Buch ist ein glaubwürdiger und beachtenswerter Beitrag zum Dialog zwischen Juden und Christen. *Es stellt ein verloren gegangenes Judentum wieder her.* Im Allgemeinen werden wir messianische Juden angeklagt, unsere Religion wegen unserer speziellen Theologie verlassen zu haben. Wir hingegen sehen unsere jüdische Theologie als historisch zutiefst verankert! Wir behaupten, dass unsere Bewegung eine Art Wiedererweckung ist und unsere Theologie eine Rückkehr zu einem authentischen Judentum, das durch das rabbinische Judentum, das sich über die Jahrhunderte hinweg entwickelte, ungerechterweise ausgegrenzt wurde.

In der Mitte des neunzehnten Jahrhunderts schrieb E. W. Hengstenberg in Deutschland den Klassiker ***Christologie des Alten Testaments***. Dieser ausführliche Band bespricht jeden hebräischen Text, in welchem der göttliche Messias in seiner vorgeburtlichen Form erscheint. Manchmal scheint es einem, als würde Hengstenberg zu viel in einen Text hineinlesen, nur um Jeschua darin zu entdecken, aber trotzdem ist das Buch ein sehr wertvolles Nachschlagewerk. Dr. Walter Kaiser, der frühere Professor für Altes Testament an der Trinity Evangelical University in Deefield, Illinois, und heutiger Präsident der Gordon

Conwell Divinity School, hat ein Buch veröffentlicht, das Hengstenbergs Werk aktualisiert. In diesem Buch kann man eine deutliche Unterstützung von akademischer Seite für Ashers Darstellung finden.

Der Einfluss von Hengstenberg und Kaiser ist auch in meinem Buch ***Jewish Roots*** (*Dt. Jüdische Wurzeln*) ersichtlich, wo ich im Abschnitt über Jeschuas Göttlichkeit ebenfalls dafür argumentiere, dass der Engel-JHWH eine Erscheinung des vorgeburtlichen Messias ist. Obwohl meine Ausführungen nicht annähernd so umfassend sind, gehen sie doch in die gleiche Richtung.

Noch erstaunlicher sind neuere Bücher von jüdischen Akademikern zu diesem Thema. Ich erwähne hier nur zwei. Alan Segal untersuchte in seinem oft zitierten Werk ***Two Powers in Heaven*** (*Zwei Mächte im Himmel*) die Idee der Pluralität in einem einzigen Gott, und der Vorstellung eines geringeren Gottes, welcher in der Bibel und auch in intertestamentarischer jüdischer Literatur erscheint. Aus Segals Werk wird erkennbar, dass *der Gedanke, dass Gott nur singulär (einer) sein kann, nicht die einzige jüdische Sichtweise im ersten Jahrhundert war.*

Daniel Boyarin ist ein orthodoxer jüdischer Akademiker und Professor an der Universität von Kalifornien in Berkley. In seinem Buch ***Borderlines*** (*Grenzlinien*) argumentiert er auf Grundlage einer umfassenden Untersuchung der Bibel und auch der intertestamentarischen Literatur, dass die Vorstellung des wahren Gottes als einer Pluralität im Judentum sogar überwog. Der Engel-JHWH, das Wort (Logos/Memra) und die Weisheit werden gemeinsam identifiziert. Boyarin behauptet, dass diese Gestalt dem späteren Glaubensbekenntnis im Christentum sehr nahekommt. Dort wird der Sohn als Person (oder Hypostasis) neben dem Vater beschrieben. Weil das Christentum dann Jeschua mit Logos, der Weisheit, und dem Engel gleichgesetzt hat, wendete sich das rabbinische Judentum von dieser älteren Sichtweise ab.

Boyarin untersucht die jüdische Literatur ab dem zweiten Jahrhundert, um zu beweisen, dass die rabbinischen jüdischen

Texte das Christentum (und messianische Judentum) ablehnen. Diese Texte zeigen, wie das rabbinische Judentum die Religion von diesen älteren Vorstellungen zu lösen und zu reinigen suchte. Obwohl diese Versuche im Talmud sichtbar werden, war doch die ältere Sicht schwer zu eliminieren und unter den normalen Synagogenbesuchern immer noch weit verbreitet. Boyarins Buch sollte unbedingt gelesen werden, um die Stärke seiner Argumente zu verstehen, die meiner Meinung nach nicht widerlegt werden können.

Es sollen hier auch zwei prominente christliche Akademiker erwähnt werden, welche ausführlich über das Thema der Göttlichkeit Jeschuas geschrieben haben. Richard Bauckham von der St. Andrews Universität in Schottland schrieb mit ***God Crucified*** (*Gekreuzigter Gott*) ein hervorragendes Werk, welches zeigt, dass der Anspruch der vollen Göttlichkeit Jeschuas den Neuen Bund durchzieht. Er kennt sich auch in Bezug auf die Vorstellungen der einheitlich-pluralen Natur Gottes im Judentum des ersten Jahrhunderts gut aus. Er stellt die wichtige Behauptung auf, dass *nichts im Judentum des ersten Jahrhunderts der Fleischwerdung Gottes in Jeschua widersprach.* Warum lehnte dann die Mehrheit der Juden dies ab? Nach Bauckhams Sicht konnte die Mehrheit der jüdischen Führer einfach *die Überraschung* der Fleischwerdung nicht akzeptieren. Das Problem bestand nicht in der Pluralität Gottes, sondern in der Fleischwerdung selbst.

Ein weiterer und vielleicht noch wichtigerer Grund war der Skandal der Vorstellung eines gekreuzigten Messias. Die Pluralität war eine weitverbreitete Idee im ersten Jahrhundert, aber nicht die Vorstellung, dass der Logos/Gott wirklich ein Mensch aus Fleisch und Blut werden könne. Im ersten Jahrhundert widersprach die Fleischwerdung zwar keiner anderen Überzeugung, doch war sie eine riesige Überraschung, eine zu große Überraschung für das rabbinische Judentum. Daher versuchte das rabbinische Judentum nach dem ersten Jahrhundert einen singulären Monotheismus zu verbreiten, welcher die Theologie der Schriften des Neuen Bundes als gotteslästerlich verurteilte.

Larry Hurtado, welcher mittlerweile ebenfalls an St. Andrews ist, argumentierte in seinen vielen Werken dafür, dass die Sprache der Anbetung im Neuen Bund mehrheitlich binitarisch (zweifaltig) ist. Anbetung gilt stetig dem Vater und dem Sohn, bzw. dem Vater und Jeschua. Dies ist eine erstaunliche Entwicklung. (Seltener, aber ebenfalls zu finden, ist dreifaltige Anbetung). Diese Veränderung in der Anbetung ist in der frühen messianisch-jüdischen Bewegung und in den binitarischen Abschnitten der hebräischen Schriften verwurzelt, welche Asher so gut beschreibt. Die hebräischen Schrift-Abschnitte haben keine klare binitarische Anbetung hervorgebracht (obwohl wir Hinweise auf eine Verehrung von Weisheit oder Logos haben). Aber später, nach der Fleischwerdung, wird in den Schriften des Neuen Bundes, zum Beispiel in Johannes 5, ausdrücklich gesagt, dass der Sohn genau so wie der Vater geehrt werden soll.

Obwohl messianisch-jüdische Theologie in der Welt der Theologen noch keine dominante Position gewonnen hat, leben wir in einer Zeit, in der mehr Forschungsergebnisse als je zuvor die messianisch-jüdische Sichtweise unterstützt. Jüdische Akademiker schrieben Bücher mit der Aussage, dass das Judentum des ersten Jahrhunderts durchaus die Idee eines einheitlich-pluralen Gottes kannte. Weitere jüdische Akademiker verteidigen die Legitimität des messianischen Judentums (Rabbi Cohn-Sherbuck, *Messianic Judaism*), ja sogar die Auferstehung Jeschuas von den Toten (der orthodoxe Rabbiner Pinchas Lapide in *The Resurrection of Jesus, a Jewish Perspective*).

Viele heutige Akademiker unterstützen die Ansicht Ashers, welche in diesem Buch beschrieben wird. Aber Gott kann diese Dinge seinen Kindern auch ohne das Studium akademischer Bücher und Zeitschriften offenbaren!

Über den Autor

Asher Intrater ist der Direktor des Dienstes „**Revive Israel**“ und Gründer der Gemeinde „Ahavat Jeschua“ in Jerusalem. Er ist Absolvent der Harvard-Universität, des Baltimore Hebrew College und des Messiah Biblical Institute. Er ist der Autor zahlreicher Bücher und Traktate in Hebräisch und Englisch, unter anderem ***Covenant Relationships, What Does the Bible Really Say about the Land*** (deutsche Ausgabe: *Israel – Was sagt die Bibel wirklich über das Land,* erschienen bei GloryWorld-Medien) und ***From Iraq to Armageddon***.

Zusätzlich veröffentlichen Asher und sein Team bei ***Revive Israel*** wöchentliche Artikel im Internet, welche in 15 Sprachen übersetzt werden. Diese informativen Artikel beschreiben aktuelle Geschehnisse im Nahen Osten und enthalten Bibellehre über die Endzeit-Prophetien sowie Nachrichten über die messianischen Juden und arabischen Christen in Israel. Asher und seine Frau Betty haben vier erwachsene Kinder und leben in der Region Jerusalem.

Um weitere Informationen oder unsere wöchentlichen Artikel zu erhalten, besuchen Sie bitte **www.reviveisrael.org**.

Weitere Produkte von GloryWorld-Medien

„Himmlische Bücher für die Erde"

Asher Intrater, Israel

Was sagt die Bibel wirklich über das Land?; 72 S.; Pb.

Die Frage, wem das das Heilige Land bzw. das Land Israel gehört, wird in der heutigen Zeit sowohl innerhalb als auch außerhalb der Christenheit sehr kontrovers diskutiert. Die wenigsten kennen die gesamte biblische Sicht.

Um hier Klarheit zu schaffen, zeigt uns Asher Intrater ausgehend vom Bund Gottes mit Abraham die Entwicklung der israelischen Nation und die Rolle des Heiligen Landes in den letzten vier Jahrtausenden bis zur Wiederkunft Christi auf.

Schließlich erläutert die schwierige politische Situation heute und gibt Anregungen, wie wir Israel praktisch und im Gebet unterstützen können.

Jim Gettmann, Der Ruf des Schofars

Das ursprüngliche, hebräisch geprägte Christsein wiederentdecken, 340 Seiten, Paperback

Vergleichbar mit einem Schofarstoß ruft der Heilige Geist seine Gemeinde heute auf, zu den Grundlagen des Lebens in Gott zurückzukehren, die er uns ursprünglich gegeben hat. Was sind diese Grundlagen? Was erwartet Gott von uns? Zu welchen Wurzeln kehren wir zurück?

Das Buch lässt uns entdecken, was Gott von Anbeginn mit den Menschen und dem Gesetz vorhatte und weshalb ein neuer Bund erforderlich war. Nur wenn wir den Sinn und die Funktion des Alten Bundes verstehen, werden wir auch den Neuen Bund richtig verstehen können.

Kaija Taival, Freude statt Asche

Die Geschichte von Michael Yaron, einem messianischen Juden; 200 Seiten, Pb.

Als die Todesschwadronen der Nazis ganz Polen nach Juden durchsuchten, entkam Michael Yarons Großvater mithilfe von Nichtjuden mehrere Male dem Tod. Auch Michaels Eltern überlebten den Holocaust.

Michael Yaron erzählt über seine Kindheit in Israel, seine Studienjahre als Medizinstudent in Italien und wie er später dazu kam, einem anderen Ruf zu folgen: Heute wirkt er als Pastor in Israel. Im Anhang beschreibt das Buch die jüdischen Feste und deren Bedeutung für messianische Juden.

Israel Harel, In die Ruhe eingehen

Vom Hebräerbrief lernen; 304 S.; Paperback

Dieses Buch ist ein eindringlicher Aufruf zu inniger Gemeinschaft mit Gott im Allerheiligsten und eine Aufforderung, in die Sabbatruhe Gottes einzugehen, dorthin, wo ER alles in allem ist.

Was bedeutet das konkret? Wie können wir heute in diese Ruhe eingehen? Diesen Fragen geht Israel Harel in seiner tiefgründigen Auslegung des Hebräerbriefs nach.

Seine Querverweise zur jüdischen Geschichte helfen dem Leser besser zu verstehen, was Jesus für jeden von uns getan hat.

Es wird klar: Diese Aufforderung und Verheißung an uns, in die Sabbatruhe Gottes einzugehen, ist nicht auf die Zukunft gerichtet, sondern dürfen wir jetzt und heute erleben und genießen.

Frank Viola, Ur-Christen

Eine außergewöhnliche Chronologie der Ereignisse des Neuen Testaments, 220 Seiten, Paperback

Das Neue Testament ist nicht chronologisch geordnet, weshalb manches darin missverstanden wird. *Ur-Christen* verbindet daher die verschiedenen Bücher des NT miteinander. Daraus entsteht eine einzigartige, fortlaufende Geschichte.

Das Buch gibt uns insbesondere einen tiefen Einblick in das praktische, pulsierende Gemeindeleben der ersten Christen.

Geschichtliche, politische und soziologische Daten, Landkarten und Hintergrundinformationen runden das Bild von der damaligen Situation ab und lassen uns unser Neues Testament in Zukunft mit ganz anderen Augen lesen.

Ron Cantor, Identitätsraub

Ein Jude … die Wahrheit. Roman; 240 Seiten, Pb.

Warum fällt es Juden so schwer, an Jesus zu glauben, und warum tun sich Christen schwer damit, dass Juden, die zum Glauben an Jesus kommen, ihr Jüdischsein nicht ablegen wollen?

„Identitätsraub" erläutert auf kreative Weise die alte Trennung zwischen den Juden und der Christenheit – jedoch nicht in Form von trockener Theologie, sondern vielmehr als fesselnder Roman.

Dass Jeschua (Jesus) seiner kulturelleren Identität beraubt wurde, hatte eine schreckliche und endlose Tragödie für das jüdische Volk zur Folge. Das Buch möchte deshalb Jeschua seinen ursprünglichen ethnischen Kontext wiedergeben.

Mike & Sue Dowgiewicz
Zeiten der Wiederherstellung

Fundamente für ein authentisches Christsein; Fundamente für die Endzeitgemeinde; 320 Seiten, gebunden

Wie können wir die Vertrautheit und Vollmacht der ersten Christen zurückgewinnen?

Dieses Buch lädt zu einer Entdeckungsreise ein. Sie lernen die Charakteristiken des urgemeindlichen, noch hebräisch geprägten Lebensstils kennen, aber auch die Fehlentwicklungen der frühen Kirche. Im Wesentlichen bietet es jedoch eine Orientierung auf dem Weg zu geistlicher Erneuerung.

Michael Stahl, 53 Männer

Abenteuer zwischen Gazastreifen und See Genezareth; 144 Seiten, Paperback

Was für eine liebevolle und verrückte Bande! Das könnte man über die 53 ganz unterschiedlichen Männer, die sich zu einer Israelreise zusammentun, spontan denken. Eine Woche wie die Ölsardinen zusammengepfercht und doch kein böses Wort, sondern Lachen, Ernsthaftigkeit, tiefe Gespräche und Männertränen – ohne Scham!

Begleite diese illustre Schar auf den staubigen Wegen Israels, auf denen einst Jesus Christus unterwegs war. Erfahre mit ihnen die besondere Atmosphäre im Garten Gethsemane, schippere mit ihnen ein Stück über den See Genezareth und wirf mit ihnen einen Blick auf den Gazastreifen.

Erlebe den Frieden, den diese Welt nicht geben kann, den jedoch viele dieser Männer gespürt haben.

Frank Viola, Ur-Schrei

Gottes Herzensanliegen seit ewigen Zeiten, 300 S., Pb.

Tief im Wort Gottes verborgen finden wir eine einmalige, wundersame Geschichte. Ein Drama, das schon vor Grundlegung der Welt begann, eine epische Erzählung, die mitten aus dem Herzen Gottes kommt und nichts weniger als den Sinn des Lebens und Gottes große Mission auf der Erde offenbart.

Das Buch stellt anhand von drei miteinander verwobenen Erzählsträngen die wesentlichen Ziele vor, die Gott mit der Menschheit von der Schöpfung bis zur Offenbarung verfolgt. Wir erhalten ein Gesamtbild von Gottes eigentlichem und tiefstem Herzensanliegen. Diese Entdeckung wird für immer unsere Sicht auf unser Leben, die Gemeinde und unseren herrlichen Gott verändern.

Frank Krause, Ein Turm bis zum Himmel

Der Geist von Babylon, damals und heute; 176 S., Pb.

Viele Christen meinen, die apokalyptischen Ereignisse um den Untergang Babylons kämen erst noch, der Autor jedoch glaubt, dass wir uns bereits mitten darin befinden und Zeugen des kollabierenden „Turms der Anmaßung" sind.

Offenbar geschieht vieles, von dem wir annahmen, es würde sich nacheinander ereignen, in Wahrheit nebeneinander bzw. gleichzeitig.

Das Buch will sowohl die Vorstellungen darüber vertiefen, wer und was Babylon ist, als auch Orientierung geben, um in den turbulenten Wehen der Endzeit, durch die wir gehen, standzuhalten.

Zudem will es den Blick auf die hinter dem Irdischen liegenden himmlischen Ereignisse lenken, die mit der „großen Hochzeit" und der Stadt des lebendigen Gottes, dem „Neuen Jerusalem" zu tun haben. Das Ende des einen ist der Anfang des anderen.

James Goll

Geistlich wahrnehmen und unterscheiden

Wie wir Offenbarungen empfangen, prüfen und anwenden können; 216 S.

James Goll erklärt, dass jeder Nachfolger Jesu geistliche Offenbarungen empfangen und prüfen kann, auch wenn einige als Propheten besonders begabt sind. Er legt präzise dar, wie wir unsere Sinne dem Heiligen Geist hingeben können, damit wir geistlich wahrnehmen können.

Und er erläutert, wie wir Offenbarungen prüfen, anwenden und letztlich verinnerlichen können, damit die Menschen sie nicht nur hören, sondern in uns sehen.

Für das vertiefte Studium ist ein Arbeitsbuch erhältlich.

Cornelia Weinmann, Jesus ruft seine Braut

Gottes Herzschlag für Deutschland im Hohelied entdecken

344 S., Paperback.

Wofür schlägt Gottes Herz, was ist die Berufung der Braut Christi in Deutschland und was könnte uns hindern, diese Berufung anzunehmen?

Dieses Buch entfaltet die atemberaubende Liebesgeschichte zwischen Gott und uns Menschen, wie sie im Hohelied angedeutet wird. Wir sind eingeladen, Jesu Braut zu sein! Insbesondere werden wir dabei auch den Herzschlag Gottes für Deutschland entdecken.

Sind wir von den Traumata der Vergangenheit befreit, können wir im Takt seiner Liebe in neugewonnener Leichtigkeit in eine neue Zukunft gehen. Der Ruf geht nämlich schon durch die Welt: „Seht, der Bräutigam kommt! Geht hinaus, ihm entgegen!" (Mt. 25,6).

Milt Rodriguez, Dreieinig

Gottes gemeinschaftliches Leben – Vorbild für die Gemeinde und alle Beziehungen; 180 Seiten, Paperback

Die trinitarische Gemeinschaft von Gott Vater, Sohn und Heiligem Geist bildet die eigentliche Lebensquelle der Gemeinde. Dies hat viele unmittelbar praktische Konsequenzen.

Das gemeinschaftliche Leben innerhalb der Gottheit ist nämlich dasselbe göttliche Leben, aus dem die Glieder am Leib Jesu ihr ewiges Leben und ihre Liebe zueinander schöpfen. Rodriguez stellt seine biblisch fundierten, aber auch überraschenden Einsichten in den heilsgeschichtlichen Rahmen, der sich von 1. Mose bis zur Offenbarung spannt.

Wayne Jacobsen, Geliebt!

Tag für Tag in der Zuneigung des himmlischen Vaters leben

240 S., Paperback

Jeden Tag ein Leben zu führen, in dem wir völlig sicher sind, dass wir bedingungslos von Gott geliebt sind – ist das wirklich möglich, und wie sieht das konkret aus?

Wayne Jacobsen bringt uns Schritt für Schritt nahe, wie tief die Liebe Gottes zu uns tatsächlich ist. Wir entdecken dabei, dass wir nicht zu Sklaven, sondern zu Söhnen und Töchtern berufen sind. Die liebevolle Zuneigung unseres Vaters im Himmel gilt uns in allen Umständen. Wir erfahren eine lebendige Beziehung zu ihm, die uns von der Qual der Scham befreit und uns so verändert, dass wir als seine Kinder leben können.

Barry & Lori Byrne, Liebe in der Ehe

Eine tiefere geistliche, emotionale und körperliche Einheit erleben; Vorwort von Bill Johnson; 334 S., Klappenbroschur

Gott möchte, dass die Ehe ein Ort echter Liebe und Vertrautheit ist. Dafür brauchen wir die Hilfe des Heiligen Geistes. Mit ihm können wir die Ursachen unserer Konflikte erkennen und überwinden. Unsere Ehe kann Heilung und Wiederherstellung erfahren, egal, wie der momentane Zustand ist.

Mit klarer biblischer Lehre und vielen praktischen Hilfen packen die Autoren die wichtigsten heißen Eisen an. Viele ermutigende Erfahrungsberichte verdeutlichen die dramatische Heilung und Intimität, die mit Gottes Hilfe möglich ist.

Bestellen Sie im Buchhandel oder direkt beim Verlag (versandkostenfrei in D):

GloryWorld-Medien | Beit-Sahour-Str. 4 | D-46509 Xanten
Fon: 02801-9854003 | Fax: 02801-9854004 | info@gloryworld.de

Aktuelles, Leseproben, Downloads & Shop: **www.gloryworld.de**